管理学案例文库

薪酬管理案例集

刘智强　刘容志　赵君　编著

WUHAN UNIVERSITY PRESS
武汉大学出版社

图书在版编目(CIP)数据

薪酬管理案例集/刘智强,刘容志,赵君编著.—武汉:武汉大学出版社,2023.7
管理学案例文库
ISBN 978-7-307-23811-4

Ⅰ.薪… Ⅱ.①刘… ②刘… ③赵… Ⅲ.企业管理—工资管理—案例—中国 Ⅳ.F279.23

中国国家版本馆 CIP 数据核字(2023)第 112215 号

责任编辑:范绪泉 责任校对:李孟潇 版式设计:马 佳

出版发行:**武汉大学出版社** (430072 武昌 珞珈山)
(电子邮箱:cbs22@ whu.edu.cn 网址:www.wdp.com.cn)
印刷:武汉科源印刷设计有限公司
开本:787×1092 1/16 印张:7 字数:166 千字 插页:2
版次:2023 年 7 月第 1 版 2023 年 7 月第 1 次印刷
ISBN 978-7-307-23811-4 定价:35.00 元

作者简介

刘智强，华中科技大学管理学院教授、博士生导师、副院长。入选国家级高层次人才、华中卓越学者特聘教授。担任中国人力资源管理论坛学术委员会委员、中国管理现代化研究会组织行为与人力资源管理专业委员会常务理事、湖北省人力资源学会秘书长。研究领域为组织行为与人力资源管理。发表SSCI英文论文近40篇，包括UTD24国际顶级期刊论文2篇；发表CSSCI中文论文50余篇，包括在《管理世界》发表的3篇。主持国家自科基金重点项目、教育部哲学社会科学研究重大课题攻关项目等项目10余项。出版专著、译著和教材7部。获湖北省社会科学优秀成果奖3项。

刘容志，中南财经政法大学工商管理学院副教授，硕士生导师，曾赴瑞典林奈大学、比利时安特卫普管理学院、澳大利亚昆士兰科技大学访问交流。研究领域为人力资源管理、创业管理。在《科研管理》《经济管理》、*Journal of Vocational Behavior*等权威期刊发表学术论文10余篇。主持国家自然科学基金项目、国家社会科学基金项目、全国教育科学规划项目等多项课题。

赵君，中南财经政法大学公共管理学院教授，博士生导师，香港城市大学工商管理博士后，中南财经政法大学应用经济学博士后。入选全国博士后管委会办公室和香港学者协会联合资助"香江学者计划"。研究领域为组织行为与人力资源管理。担任武汉市东西湖区人力资源学会副会长。在*Human Resource Management*、《科研管理》《科学学研究》《管理工程学报》《管理评论》等权威期刊发表论文60余篇。主持国家自然科学基金项目、教育部人文社会科学研究项目等课题30余项。出版专著、教材4部。获湖北省高等学校教学成果奖、广西壮族自治区社会科学优秀成果奖2项。

本书出版受到以下项目资助：

国家自然科学基金重点项目（编号71832004、72132001）

教育部哲学社会科学研究重大课题攻关项目（编号21JZD056）

国家自然科学基金面上项目（编号72072184）

国家自然科学基金青年项目（编号72202237）

教育部人文社会科学研究青年基金项目（编号20YJC630224）

高等学校学科创新引智计划资助项目（编号B20084）

华中科技大学中央高校基本科研业务费专项资金资助项目（编号2022WKFZZX002）

中南财经政法大学研究生教学教改项目（编号JCAL202210）

前　　言

　　薪酬管理在企业中发挥着重要作用。如果这项工作没有做好，就无法充分激励员工。没有对员工的充分激励，整个企业的人力资源管理就无从谈起。基于此，薪酬管理从业者必须掌握与之相关的理论知识和实操技巧。可以说，无论承认与否，薪酬管理都已经来到了风口浪尖之上，同时也面临着各种各样的难题。为了更好地解决这些困扰，薪酬管理从业者必须找到有效措施，制定比较完善的应对策略。然而，对于大多数企业而言，薪酬管理依然是一项非常巨大的挑战。之所以如此，是因为这些从业者不清楚薪酬管理的流程，不知道如何设计薪酬结构，更不知道怎样才能把薪酬体系设计好。薪酬管理比较灵活，它是激发员工积极性和主动性的一种有效手段。薪酬的很多方面（如策略、结构、标准、发放等）都可以组合成多种形式，但是哪一种形式适合自己，这是很多企业正在面临的困境。本书针对上述问题，尝试用案例的方式将薪酬管理的理论与实践相结合，帮助读者梳理薪酬管理的理论知识，指导读者如何更好地进行薪酬管理实践。

　　本书是一本为人力资源管理、工商管理、劳动关系、劳动与社会保障等专业的本科生、研究生，以及企业管理人员学习使用而撰写的教材。案例本身是根据一些国内企业的一些资料进行的改编，每篇案例的内容包括摘要、案例正文、案例使用说明等。案例使用说明里面有一些相关题目，为读者提供了学习方向。然而，本案例集并没有给出讨论题、思考题的参考答案，目的是为了读者在分析案例的时候能够结合相关理论自行理解案例的内容，创造性地分析该案例，以便读者更好地理解薪酬管理的相关理论及知识点。

　　本书的前4篇是从中观层面去阐述企业在薪酬管理过程中遇到的问题，比如战略性薪酬设计、薪酬设计基本原则等，后9篇是从微观层面讲述薪酬管理过程中可能会遇到的薪酬调查、职位评价、薪酬反馈等问题。每一篇案例我们都进行了理论与实践的融合，尝试以问题为中心，找出问题、分析问题和解决问题。每篇案例都会从一个小故事引出薪酬管理问题，俗话说"读万卷书不如行万里路，行万里路不如阅人无数，阅人无数不如名师指路"。本书为读者提供了浅显直白的文字内容，以及能够解决实际问题的途径和方法，目的就是要让读者在轻松愉悦的氛围中学到真正有用的东西。

　　希望通过对本书的学习，读者可以迅速领略薪酬管理的真谛，从而更好地应对管理实践中的各种挑战。对于广大读者而言，希望本书的学习之旅将会是一段非常美妙的体验，同时也可以成为激励自己不断探索、不断前行、不断进步、不断提升的动力。

　　本书的参编者均具有扎实的理论功底和丰富的实战经验，其中刘智强教授负责总体思路和结构框架，刘容志副教授和赵君教授负责书稿的具体统稿和校对工作。本书的具体分工如下：第一篇案例由刘智强、覃章豪负责，第二篇案例由刘智强、杜珂娜负责，第三篇案例由刘智强、范雅琪负责，第四篇案例由刘容志、张初佳负责，第五篇案例由刘容志、何溪沅负责，第六篇案例由赵君、黄秀榕负责，第七篇案例由赵君、曹佳宁负责，第八篇案例由刘智强、夏晖负责，第九篇案例由刘容志、刘雯负责，第十篇案例由赵君、何迎港负责，第十一篇案例由赵君、汪惠玉负责，第十二篇案例由刘智强、胡心瑜负责，第十三篇案例由刘容志、宁茜茜负责。在此，对各位老师和同学们的积极参与和做出的贡献表示感谢！

本书在写作和出版过程中，得到了武汉大学出版社的鼎力支持。本书在撰写过程中参阅了大量文献，对这些文献的作者，在此一并致以衷心感谢！

刘智强　刘容志　赵　君

2023 年 3 月于武汉

目　　录

激发"薪"动力——J公司薪酬变革之路

【摘要】 疫情之下，J公司面临着难以开发新客户和技术骨干流失的双重困境，公司杨总为了留住骨干不得不加薪，但没有起到很好的效果。在这种情况下，J公司展开了薪酬制度的变革，从工资到福利，变革的过程中也面临着种种困难。本案例详细描述了J公司开展变革的背景以及在薪酬变革中各种方案的抉择过程，引发了对中小企业何时以及如何改变传统落后的薪酬制度的思考。

【关键词】 薪酬激励；薪酬管理；薪酬变革

"赵总监，A组的方案现在还没有提交上来，B组的方案好像也没怎么按您的意见修改，这是其他组交上来的您先看一下。"助理小刘将今天早上的方案收集情况向设计部赵总监汇报，赵总监心里憋着一团火，"这群人到底是怎么回事，当初嫌工资低，这不都加薪了嘛，努力了两天就又开始划水，到底还想不想干了？""赵总监，还有一件事，E组那边反映说他们一周前提交的经费申请到现在财务部那边都没有动静，催了几次也不动，想让您跟那边反映一下。"赵总监实在是坐不住了，一大早净是些烦心事儿，财务部这些部门也真是的，最近效率是越来越低了，真耽误事儿。赵总监出来刚好碰到杨总，杨总就说，"哎，我刚好有事儿要跟你说。前两天我把公司的薪酬制度和内部薪酬调查的结果给咨询公司的人看了，那个项目经理告诉我说，我们的薪酬制度有点问题，需要进行改革。这事儿你怎么看？"

一、公司简介

J公司成立于2014年，是一家专业面向各工厂和企业提供产品包装设计、企业形象策划、LOGO设计、宣传册设计、商业摄影等服务的平面设计公司。多年来，J公司始终秉持着"创新理念，用心服务"的服务态度，致力于为客户提供品牌形象的研发、创建、升级的优质方案。J公司深谙品牌经营之道，用视觉设计和摄影图片来为客户创建形象及产品卖点、重塑品牌、包装产品的同时，又能切入品牌策略与营销思维，将商业智慧与品牌设计精准嫁接，使策略与设计真正服务于企业，让老化品牌焕然一新，新品牌脱颖而出。8年来，公司的核心设计团队日渐壮大，在设计师的挑选上也始终把握创造性与服务性并重的人才标准，严格控制核心设计团队的质量。自成立以来，J公司已经经手过不少知名企业的设计案例，在当地的平面设计行业中也算是打出了一些名头。

杨总是公司的创始人，平面设计专业出身，现专注于品牌策略和网络营销。设计部为公司的核心部门，目前有设计总监1名，资深设计师5名，是从公司创立至今一直留在公司的元老级人物，分管 A、B、C、D、E 等 5 个设计组，每组有设计师 3~5 名，美术指导、项目策划、摄影师各 1 名，设计师助理若干。5 个设计组对外承接设计项目。另设一个对外组，不负责设计，专门负责与一些有相当建树的摄影师、美术家、艺术家保持密切联系，丰富公司的设计灵感，或是对公司的方案提出一些建议，不断地精进自身设计。

J 公司现如今的薪酬制度还是沿袭着公司初创时定下来的规矩，那时工作室加上杨总总共只有 8 个人，8 人野心勃勃地想要在这个城市中立稳脚跟，大家满身干劲，工资多少，怎么计算对于他们来说并不重要。为了稳定大家的情绪，促进团队内部的团结，便采取了最简单的办法，所有人的工资都按工作室的接单情况平均计算。接单多了大家就都多发点工资，接单少了，大家都少发点。这样的制度一直沿袭到现在，虽然现在公司发展逐步稳定，每个月都会有固定的合作项目，接的单子也越来越多，越来越大，但整个部门上到设计总监，下到小小的设计助理，所有人的工资都随着公司的经营状况有所波动，而且每个员工的工资都是按照岗位发放，适当地考虑年资，且在年终的奖金上根据项目的参与数量稍微有所不同，总体来看同一级别人员差距几乎没有。福利方面，设计部有每年一次的公费旅游和针对特殊人才的住房补贴，其余福利如五险一金、带薪年假、加班补贴等则按照法定要求采取最传统的方式。

二、疫情当前人心散

每每想起自 2019 年以来公司营业额的下降曲线，杨总都感到一阵头疼。"这烦人的疫情到底什么时候是个头啊"，杨总这两天总是和助理小张抱怨。小张也明白为啥杨总最近头大，本以为挺过 2020 年便度过了最艰难的时候，可谁知这疫情似乎是没完没了，硬生生地持续了 3 年，公司虽然有一些固定的客户，但如果不尽快地拓展客户面，企业现有的财务状况已经没办法维持了。但寻找新的客户谈何容易，不是一朝一夕的事情，目前公司该如何解决自身的财务问题，才是最重要的。

杨总想了很久，似是突然下定决心一般，重重地叹了口气，对小张说，"小张啊，你去把人事部的王经理找过来，我有点事情想要跟他讲。"小张慌忙应下，步履匆匆地朝着人事部走去。

王经理来了之后，杨总直截了当地说，"王经理，你也知道咱们公司最近的情况，今年的招聘计划就暂时停了吧。除此之外呢，你去和各个部门的部长商量一下，看看有没有什么清闲的岗位能舍的都舍了吧，咱们现在要节衣缩食一段时间了。"

王经理也是个实干派，第二天就将每个部门的裁员名单列了出来，拿给杨总看的时候，杨总说，"按照工作年份给这些人一些补偿，同时安稳一下人心，别让公司里面的人寒了心。"

虽然人走的时候总是免不了一些抱怨，但好在人少了，压力也就小了很多。杨总算是过了几天还算舒心的日子，但紧接着，杨总再也坐不住了。

资深设计师梁工竟然要离职！

其实一个月之前，公司也有两位设计师离职了，但当时杨总也没想那么多，人各有志嘛，人家可能找到了更好的平台，再说了，公司状况也摆在这里，走了便走了。但这位梁工是跟着他从工作室开始干的，到了现在也有个七八年了，怎么会突然想要走呢？杨总赶忙让小张把梁工找来。梁工来了之后，心里大概也明白杨总找他干啥。和杨总也是多年的交情了，很多事情也不想瞒着他，就实话实说自己找到了一个更好的平台，那边给了一个很好的条件，在疫情这种大环境下，这样的机会真的很难遇到。杨总看他毫不隐瞒而且态度坚决，像是铁了心要走，不想继续说下去伤了彼此多年的情分，说把这个月干满、工作好好交接一下就让他回去了。

梁工要跳槽的消息在公司里不胫而走，一些人感叹梁工在如此恶劣的市场环境下还能找到更好的工作，一些人心里也默默地打起了算盘。一个月内，设计部提交辞职的光是设计师就有3个，也有一个摄影师。这下让杨总犯了难，怎么会一下走这么多人呢，这下怕是公司的正常工作都会被耽误了。他赶忙将人事部王经理找来商量对策，王经理之前也在一家大公司工作过，了解过比较专业的人事运作流程，他和杨总讲："这时候要是想解决问题，先得要找到问题，找到问题，得先进行一次离职面谈了。"杨总也觉得先找找原因是最重要的，于是便让王经理着手准备离职面谈事宜了。

由于时间紧迫，王经理匆忙准备了几个问题便对提交辞呈的这些人进行了一个简单的面谈。经过两天的面谈，这些想要离职的员工提供的信息并不多，无非是工资不高、福利不到位、晋升困难等比较笼统的问题。王经理拿着这些问题去和杨总合计，恰巧杨总这时接了个电话，说是之前投标的一个项目有了回信，那个公司很有意愿将这个项目交给J公司来做，现在要先看一下他们的初稿。杨总乐了，但是转念又一想好几个骨干设计师要走，这可不行，于是跟王经理说，"他们不是嫌工资低吗，那就加，务必把这几个人给我留下来"！

三、雷厉风行对与错？

可是这工资应该怎么加？给全部人都加还是只给设计部的人加？加多少合适呢？这几个问题近日来一直困扰着王经理。如果只给设计部的人加的话，其他人知道了肯定会有意见，但就公司现在的财务状况，杨总不太会同意整体加薪，思来想去，王经理还是决定找杨总商量。杨总说，"这样吧，你去把那个想要辞职的设计师小刘找来，我问问他。"

小刘来了之后，杨总旁敲侧击地问到了那边的薪资待遇，于是就跟小刘说，"你先别着急走，关于薪资的整个问题我们可以再商量。而且，公司刚刚接了个大单，你们展示的机会到了，这回要是做成的话，奖金肯定不会少的。"

杨总果然说到做到，第二天，设计部就收到消息说要给他们涨工资，设计师、摄影师涨薪15%，资深设计师涨薪10%，项目策划、美术指导、设计师助理分别在原来的基础上涨薪10%，并且新的工资制度从下个月就开始执行。

消息一出，设计部从上到下都喜气洋洋，毕竟在疫情期间还愿意给你涨工资的公司实在是不多。之前递交了辞职信的几位也都表达了对公司给予如此信任的感激，看起来，设计部的人才是暂时稳定住了。但设计部外，其他部门听到这个消息的时候一时间议论纷纷，原本设计部的工资就是最高的，现在还给他们涨。但设计部毕竟是工资的核心部门，整个公司就靠着人家赚钱呢，于是除了一些抱怨的声音之外，整个公司算是安乐祥和的。

但时间一长，一些问题便慢慢暴露出来了。一方面是公司里的工作氛围不是很好。其他部门工资不高，也没受到公司的重视，平时工作懒懒散散，这在一定程度上导致了公司的办事效率不高。设计部虽然加了工资，但也只有那刚开始的几周，员工像打了鸡血一样热爱工作，慢慢地涨工资的快乐随着时间流逝后，部门中的有些人开始拿着高工资"摸鱼"了，毕竟干多干少钱都是在那的，这导致公司的创新氛围很不活跃，大家只做自己分内的事情，积极性不高。另一方面突然的加薪让原本就不是很好的财务状况雪上加霜了，新增的工资支出比以往的要高出很多，仅依靠固定的客户难以维持现有的开支。而且最重要的是，工资发出去了，但公司的效益却没有提高很多，这一度让杨总觉得自己的钱是白花了。

杨总深知，如果维持现状，早晚会拖垮公司的。上次自己做出的直接加薪的决定实在是太仓促了，公司现在已经不仅仅是工资高低的问题了，怕是整个工资体系都存在一些问题。于是喊来王经理，王经理认为，如果想真正了解公司存在的问题，除了自己看之外，还需要听员工说。两人一商量，便决定在公司做一个内部薪酬调查，王经理一回到人事部便开始着手准备调查问卷了。

经过两天的努力，王经理查阅了大量的资料和行业内的成熟问卷，J公司的调查问卷终于成型了。人事部所有员工耗时一天才把这些问卷全部发下去又全部收上来。问卷的内容包括个人信息、工作环境调查、薪酬文化调查、薪酬管理调查、薪酬满意度直接调查五个部分。

经过王经理和部门同事对于结果的解读，最终总结出了以下几个共性问题：

（1）设计师工资相较于同行业其他公司偏低。

（2）设计师之间的工资差距几乎没有，但是工作量却有所差别。

（3）奖金的主观性较大，没有明确的标准可以知道今年会获得多少奖金。

（4）从设计师到资深设计师晋升困难，觉得在公司没有未来。

（5）公司核心员工与非核心员工之间薪酬拉不开差距，但贡献量却不同。

（6）工资中固定工资的比重较大，福利制度不完善。

问题是找出来了，但是王经理觉得，要想完美解决问题的话，靠他一个人怕是不行的，还是应该报告给杨总，找专业的咨询公司来做比较好。

四、制度改革困难多

杨总果然是个雷厉风行的人，第二周就联系了咨询公司，将公司现有的薪酬制度以及内部薪酬调查的结果给他们看了之后，咨询公司的项目经理刘经理非常明确地告诉杨总，公司的薪酬制度太落后了，若想解决现在的问题，薪酬制度变革是势在必行了。杨总一听"变革"二字，心里直打鼓，毕竟公司已经顺利运转这么久了，真的要全盘否定以前的制度吗？就算实施了新的制度，公司现存的问题真的能够解决吗？公司现在正处于关键阶段，这个时候进行变革会不会打乱内部的节奏，造成人心不稳呢？这些问题杨总通通都不确定，自然也就无法下定决心去进行薪酬变革。但公司现在的状况确实又十分影响公司的发展，杨总不敢马虎大意，于是找到刘经理进行详细的咨询。

刘经理是这么和杨总说的，"你们公司以前人少、工种少，那时候简单的工资制度是完全没有问题的，但是随着你们规模的扩大，员工数量、岗位种类都在不断增加，这时候要是再继续用之前的薪酬制度，不仅会止步不前，还可能会导致人心涣散。如果你想跟上时代的步伐，有一个更加长远的发展，改革是势在必行的。"

杨总觉得刘经理说的是有道理的，但又不敢随便下决定，于是回去和其他几位高管开了紧急会议，大家一致同意"不破不立"，但在是否要请外面的咨询公司来进行变革上出现了争议。一些人认为咨询机构更加专业，可以设计更科学的薪酬制度，另一部分人认为咨询机构对于公司内的情况不是很了解，再者，公司现成的王经理，又是从名校毕业，还在大城市有过大公司的工作经历，是一个现成的大将，何必要请外面的人来。杨总咨询了王经理的意见，王经理也表示自己之前接触过这些东西，可以来尝试一下，于是杨总就将这个重任托付给了王经理，薪酬制度改革便风风火火地开始了。

要说王经理也是个干实事儿的，第二天，他就组建了薪酬改革小组。首先，他们对公司员工和公司高管进行了访谈，双方各执一词。

来自员工的声音：

"我们目前的薪酬体系都是拍脑袋的，没有一个科学严谨的体系……都是老板了解你多一点就给高点，少一点就给低点……"

"比照同行尤其是外资公司来看，我这个岗位的薪水很低了……"

"活干得多，学历也要高，凭什么别人跟我拿的一样多……"

"老实人吃亏！'爱哭的孩子有奶喝'……"

"正如您所说的，我们公司是'身份工资'，重资历，老人总是比新人高，但不见得能力强，干活多，而且新人的晋升也十分困难，这样就留不住新人……"

"……"

来自公司高管的声音：

"说要涨工资也给涨了，但员工总是不满意……"

"很多员工工作都没有积极性，但比照同行，我们的薪水也算是不低的……"

"某些人能力的成长跟不上薪酬的增长，但抱怨倒是最多的……"

"到底该给多少薪水，如何给，越来越没谱了……"

"……"

王经理根据了解到的情况进行了一个大致的总结：

（1）采用传统的平均主义观念开展薪酬管理工作，导致员工认为工作多少薪酬待遇都一样，工作积极性不足，严重阻碍了企业的可持续发展。

（2）没有完善的福利保障制度。

（3）薪酬和绩效的关联性不大。

在王经理进行情况调研的同时，公司里也开始人心惶惶起来。大家都知道公司要整改，但具体怎么改却都不清楚，这种极大的不确定使得每个人都如芒刺背，生怕这个"变革"会降临到自己头上。于是这几天工作氛围异常浮躁，大家的心思似乎都不在工作上了，于是杨总只能召集各部门的部长开会，说明了改革的意图，让大家回去好好安抚手下的员工，改革后的薪酬制度只会让大家更满意，大家只管做好自己手头的工作就可以。

在王经理的建议下，杨总还提出让公司员工推举出两名代表参与薪酬制度改革的工作。果然，这之后公司里的不稳定情绪变少了，薪酬改革也在继续。

王经理告诉杨总目前公司正处于发展期，薪酬战略应该是采取市场领先型，但考虑到公司的成本问题，而且公司内的核心成员又比较明确，可以采取混合型薪酬策略，即核心人才用市场领先型，一般员工用市场追随型或市场滞后型策略。但现在的问题是，就算设计部的薪资高了，也激励作用不大，因为目前的主要问题是——平均主义和晋升困难。针对这两个问题，王经理认为宽带薪酬似乎是一个很好的解决方法，宽带薪酬近些年已经广泛地被国内外企业采用，相比于传统的薪酬方式，它有一系列的优势。但是杨总也有自己的考虑，宽带薪酬解决平均主义是可行的，但职位还是那么几个，真的可以解决晋升问题吗？而且宽带薪酬带来的成本会比现在要高很多，公司真的可以承受吗？再者，我们这个小公司真的适合宽带薪酬模式吗？杨总还对之前提高薪酬却没起到作用的事情耿耿于怀，别到时钱花出去了问题还是没有解决岂不是赔了夫人又折兵？

针对杨总的担忧，王经理也仔细思考了他们的诉求和现在的情况，想出了一个折中的方案，即只对设计部实施宽带薪酬制度。这样一来可以对公司的核心人才进行激励，二来也不至于给公司成本带来太大的负担。杨总本就存了改革的心，这样一来便同意了宽带薪酬的提议。

五、拨云见日获新生

既然已确定了采用宽带薪酬，那么下一步如何定薪呢？原本 J 公司设计部的员工只是简单地以岗定薪，在哪个岗位就拿多少钱，同一岗位的员工薪酬几乎没有差别，这样就无法实施激励。现如今市场上常用的定薪方法职位评价法包含排序法、职位分类法以及计点法，理论上这种专业类职位也可以使用职位评价法，只是在因素选择上要更加倾向于问题解决能力、创造性和经验要求等。但现实中，像创造力这样的因素难以衡量，而且专业类职位的决策也经常会被一些非薪酬方面的问题影响，比如工作挑战性等。因此，大多数企业强调采用市场定价法确定专业人员的薪酬水平，一个能够承受的最优薪酬水平往往需要根据市场状况首先确定，同时要确定标杆职位价值，然后再把这些标杆职位以及其他专业类职位插入某个薪酬结构中。

除了以上的方法，王经理还推荐了"4P 定薪机制"，认为有效的薪酬体系应遵循"以岗（Position）定级，以能（Person）定等，以绩（Performance）定奖，标杆市场（Price）"的原则，即员工的薪酬应该考虑员工的岗位、能力、绩效以及市场上类似职位的薪酬水平，并且结合企业发展战略，确定合适的薪酬策略。综合以上所有信息来确定设计部人员的薪酬水平。

一个是市场上惯用的方法，一个是更加综合但是参照物更少的一种方式，到底哪一种更加适合 J 公司设计部的情况呢？杨总和公司高层开会讨论了一下，也征询了薪酬制度改革小组的意见，综合各种情况，J 公司的高层最终选择了更加综合的"4P 定薪机制"。认为 4P 定薪机制能够更加全面地衡量员工对组织的贡献，弥补之前公司对绩效关注的不足，也更能凸显员工的个人价值，和宽带薪酬更好地匹配同时实现内部公平和外部公平，使员工感受到公司的重视，提高员工的薪酬满意度。

那如今工资制度的变革算是有了大致的方向，但除了工资之外，福利制度也是重中之重。尤其是设计部作为J公司的核心部门，承担着公司80%以上的收入来源，设计部人员的激励应该是公司内的一件大事。可是J公司之前的福利制度非常传统老套，除了法定的五险一金之外，就只剩住房补贴以及每年一次的旅行。近几年由于国内外疫情的严峻形势，旅行也一直被搁置，目前来看，确实是没有什么能够吸引人的福利制度了。而且对于设计部的员工来说，尤其是对于如今的Z世代的人才来说，钱并不是他们工作的唯一目标，他们渴望有挑战性的工作，渴望有进步和上升的空间，除了更好的物质条件外，他们还渴望更好的精神生活。因此，根据赫兹伯格的双因素理论，J公司目前的福利只是"保健"因素，"激励"因素并未体现。而且，王经理已经意识到试图通过只增加保健因素（如之前采取的加薪政策）来激励员工的选择并不明智，因为人的低层次需要很快就可以得到满足，并不可避免地出现"我希望再次得到加薪"。

为了使福利制度能够发挥最大的效用，一般来说，需要满足处于不同层次和阶段的员工基本需求。根据马斯洛需求层次理论，员工在满足较低层次需求后将会转向较高层次的需求，这时候继续增加较低层次的福利是无法达到激励效果的。杨总了解到这些情况后，自己也感觉到福利制度是有些太落后了，之前就想学习别的公司的弹性福利制度，但一直苦于不知道从何下手进行改变，现如今的状况，是最好的改革时机。

于是王经理便开始着手设计公司的福利制度，在设计之前，他进行了一次问卷调查，来了解公司内部尤其是设计部员工对于现存福利制度的看法以及他们期待的福利制度是怎样的。参考了公司内员工的意见以及同行业其他公司的福利制度后，王经理制定了第一版附加型弹性福利计划，除国家法定福利之外，内容还涉及商业保险、免费体检、交通津贴、带薪休假、住房补贴等企业自主福利政策。经过初步完善，王经理将草案拿给杨总过目，杨总觉得可以并下发给整个公司征询对草案意见。但这一征询还真是有不少人有意见，反馈上来的信息基本上都是"有的我根本就不需要，而我需要的你却不提供"，有的人认为太高的福利会影响自己的工资表示不需要太高的福利，有的人却表示希望有更加健全的福利制度让自己能够更舒心地工作和生活……王经理这一看，果然众口难调。因为每个员工都处在不同层次和不同的阶段，他们的需求本就不同，有这些意见也无可厚非，但究竟怎样才能够更好地满足大多数工的福利需求呢？

王经理突然想起了之前见过的一种专门针对上述情况的"选高择低型"弹性福利，具体来说就是公司提供几种项目不等、程度不一的福利组合来供员工选择，自主选择使得想要高福利的或者想要高工资的成员需求都能得到满足。但是王经理并不熟悉这种方案的实践，他也不知道效果会怎么样，但现在看来，可能是解决公司问题的一个好方法，于是便修改了方案拿去请示杨总，杨总本就不是一个太保守的人，见王经理有些把握，便放手让他去实行了。

到目前来看，J公司薪酬制度的两大块的改革方向都已经确定，杨总和王经理讨论方案的时候，似乎都已经看到了公司蓬勃发展的未来……

案例使用说明

1. 教学目标规划

（1）掌握企业薪酬制度改革的相关知识，了解企业什么时候需要进行薪酬制度改革。

（2）把握企业薪酬制度变革中可能会出现的问题及应对方案。

（3）了解并掌握企业的各种定薪方法以及福利制度。

2. 课堂讨论题

（1）你认为 J 公司为什么会出现人心涣散的局面？

（2）刚开始杨总雷厉风行的加薪为何没有得到想要的结果？

（3）你认为在薪酬制度变革的过程中应该重点关注哪些问题？

（4）你认为接下来 J 公司的薪酬制度改革会顺利进行吗？

（5）如果是你，你会采用哪种定薪方式？

（6）你认为像 J 公司设计部这种技术型员工适合什么样的福利制度？

3. 启发思考题

（1）宽带薪酬是否适用于所有的企业？

（2）对专业技术型员工应该如何发放薪酬？

（3）案例中只给设计部实施宽带薪酬制度是否合适？会带来什么问题？

（4）薪酬制度变革会给公司带来哪些影响？

参考文献

［1］单禹. 基于 4P 理论的国有企业薪酬激励体系优化. 人才资源开发, 2022, 29（05）: 82-83.

［2］周江玲. 基于宽带薪酬理论的 SD 公司薪酬体系再设计研究. 昆明理工大学, 2016.

［3］张海英. 浅谈企业薪酬管理制度的建立与实践. 中国管理信息化, 2019, 22（10）: 135-136.

［4］李博辉. 需求层次理论在薪酬管理中的应用. 企业研究, 2018, 25（06）: 60-61.

HZ 电器的薪酬风波

【摘要】本案例描述了 HZ 电器有限公司（简称 HZ 电器）在战略转型期间由于薪酬问题引发的一系列风波。市场变化让 HZ 电器走上战略转型之路，在转型关键期由于遭遇人才困境而采取高薪来吸引新员工，却引发了老员工的不满，激化了新老员工之间的矛盾。为解决问题，HZ 电器进行了一次薪酬改革，却不曾想新薪酬制度虽然起到了一定的改善效果，却也引发了新一波问题。一时间，HZ 电器的薪酬制度不知该何去何从。通过分析本案例中薪酬改革前后存在的问题并思考改进办法，学生能够了解薪酬水平的决策因素、薪酬与战略的关系、薪酬体系设计、公平理论、激励理论等薪酬管理方面的知识。

【关键词】薪酬管理；企业转型；薪酬改革

晚风习习，已是深夜，可是 21 楼总经理办公室的灯却依然亮着，总经理王鸿思考着 HZ 电器有限公司的近况，眉头紧锁。王鸿是公司最早一批的员工，见证了公司的一路成长也以公司为傲。作为一家传统的制造业企业，HZ 电器发展前期凭借过硬的产品质量和实惠的价格在市场中站稳了脚跟，销售额持续飙升，面对市场变化，王总也及时做出转型规划。然而，公司近期的状况却令王总心急如焚：战略转型关键期，新老员工却因薪酬问题心生不满、相互抱怨，老员工嫉妒新员工工资高，而高薪的新员工对老员工竟也有不少意见；公司内部合作氛围差，工作积极性弱，离职也频频发生。这些问题已经严重影响了公司的业绩和转型进度，为此进行的一次薪酬改革也不知问题出在了哪里，没有完全取得所期望的效果……面对外部市场激烈的竞争，王总备感压力，公司内部无法稳定就更谈不上新发展，可是公司薪酬的问题到底出在哪里？该怎么办？这几年公司发生的事情不由得又在王总脑海中过了一遍，他必须尽快对薪酬问题做出诊断和决策。

一、公司简介

HZ 电器有限公司于 1984 年正式成立，坐落在美丽的浙江杭州，是一家拥有开关插座、灯具照明、厨卫浴霸、电箱线缆四大支柱产业的国有企业。从最初的开关插座产品起家，作为第一个自主研发并生产一插多用型电器开关的国内企业，HZ 一举成名，到如今扩展到四大类产品，HZ 电器的生产规模也持续扩大，从东南沿海的杭州五常第一个生产基地开始，陆续在南京、西安、成都、德州等城市进行投资建厂，向内陆覆盖。经过 20 多年的发展，HZ 电器已经从一个初创的小企业发展成为成熟企业，所研发生产的各大产品在电工电气领域有了一定的积淀，成为家庭、商业园区等建筑装修的优选品牌，在业内享有美名。

公司现在所取得的成绩离不开公司总经理王鸿的努力。传统制造业一度被人调侃为"坐冷板凳"的行业，而王鸿却从未动摇，一路坚守。本科毕业于浙江大学中文系的王鸿，毕业后便进入了 HZ 公司，从最基层的市场专员做起，和公司共同成长。在公司一手栽培下，王鸿的职位节节攀升，2008 年便正式开始担任公司总经理。作为工龄最长的在职员工，王鸿熟悉业务，对公司的运作体系也十分了解，并且在一路上升的过程中积累了丰富的人脉。HZ 电器在王总的带领下也开始了业务的持续增长，后续一度实现了每三年翻一番的优秀业绩，并陆续与国内多家知名房地产商建立了良好的合作关系。公司致力于给客户创造更大的价值，因此在良好的产品质量基础上，不断完善生产工艺，提升生产效率，严格控制成本，以实惠的价格供应产品。品质优异和价格实惠成就的超高性价比给HZ 电器带来了良好的品牌口碑，HZ 电器在电工电器行业龙头企业的地位似乎越坐越稳。

然而，外部环境的变化越来越快，国企也面临改革，过去依靠的固定资源如今也发生了变化，HZ 电器未来面对的是一个完全竞争的市场，成本领先虽然依然是一大优势，在过去挡住了很多想要"抢食"的小企业，但万物互联时代的到来还是使公司传统产品的市场受到了威胁，HZ 电器的业务增长变得十分缓慢，甚至出现了老客户流失的情况。对市场信息敏锐的王总意识到，市场需求已经更新，市场竞争格局也在悄然发生变化，处在传统制造业的 HZ 电器公司已经到了转型升级的路口，新时代讲求的是创新，必须迅速进入转型状态，尽快布局产品的差异化创新升级。

经过反复考虑，王总认为，开关插座是公司研发生产时间最长，也最为出色的产品，拥有成熟的生产工艺和强大的销售渠道网络，HZ 电器由传统电工电器生产向家居智能化创新方向发展的差异化战略转型计划就从开关插座智能化这一开发项目入手最为合适。虽然智能化开关插座业务完全是从 0 开始，但在激烈市场竞争下，HZ 电器不得不做。追求性价比的电工电器消费市场依然还是 HZ 电器的支柱，但随着时代的发展，人们对生活品质的要求已经越来越高，智能化、万物互联、5G 等一些新的概念正在或者已经进入人们的生活，改变着人们的消费方向。有些智能家电已经在市场崭露头角，那智能化开关插座等一些更为基础的建筑电工电气未来也必然是智能化家居的配套选择，发展前景和空间可以说十分巨大。王总心里不仅装着智能家居的梦，还装着智能园区、智能城市的更大的梦。在王总的描绘下，一幅从制造到智造，从家居到园区，从园区到城市的智慧生活美好画卷仿佛在 HZ 电器人的眼前徐徐展开……

二、遇人才困境

确定方向后，王总便开始满怀激情地布局新业务，准备大干一场。2016 年，原先的普通开关插座业务拓展成为智能化创新业务。新业务正在如火如荼地准备中，为了支撑新业务的开展，公司招聘了一批新员工，并准备再聘请几位互联网行业的人才，来对新业务的技术、市场等方面进行支持，招聘工作也一直在抓紧进行中。

王总对智能化新业务抱有十分大的期待，对自己布局的战略方向是十分相信的，虽然进入得不算早，但应该也还不算太晚，只要后续抓紧跟进，凭借公司过去的实力和资源应该还是能率先抢占市场的。因此，每隔一段时间，王总都会组织相关部门和人员召开业务会议，一方面是密切关注新业务的进展情况，另一方面是讨论遇到的问题，以便共同商讨解决办法，协力推进新业务的发展。

"丁零零~"王总手机里的日程表发出闹钟提醒，是第三次会议时间到了。王总迈着如往常一样矫健的步伐走进公司 17 楼的小会议室，公司的几位高层和相关部门的部长都已经到齐，但王总刚踏进会议室的门就感觉到了这次的气氛似乎和前两次有点不太一样，似乎是遇到了什么难题，于是让大家开门见山地把遇到的问题提出来。

大家沉默了一会儿后，市场部孙部长先开了口："从我们前期的调研来看，在我们邀请的体验我们产品的部分内部试用用户中，有人反映说，我们的智能化开关插座有时候通过手机控制会失灵，明明已经在手机上开启了开关，但回到家热水器依然是断电状态。还有人反映手机端的页面不好用，不是很想继续使用……虽然我们在原先布局的各大渠道基础上努力拓展新市场渠道，但是从目前的产品情况来看，似乎还不够成熟，现在如果盲目谈合作，恐怕会失去更多客户。"

技术部的老李部长马上接过话说："这些问题我们清楚，而且确实也在不断完善。不过虽然我们在硬件工程这一块经验丰富，相关电路设计什么的完全没问题，但在软件上还是弱项，这大家都是知道的，而且前期招进来的软件开发人员比较少，又比较初级，有些问题解决不了，我们需要更加专业的人员在这方面提供更强大的支持。之前面试的高级 Android 开发工程师还有 App 前端工程师我觉得都挺不错的，也都是我们现在急缺的人才，但距离上次面试已经有一段时间了，人还是一直没见入职。有的问题没有专家我们解决不了，现在只能靠我们自己慢慢摸索，进度非常慢。"

"是啊，我们这里也是类似的问题，"产品体验部马部长接过老李的话继续说，"交互和 UI 设计这两个岗位的人员上次也面试了，但后续就没有消息了。我们目前确实很难在界面美观度方面迎合新用户，而提升产品体验也是很重要的问题。"

……

听了各部门目前的情况和遇到的难点，王总了解了问题的症结。各部门的负责人你一言我一语，再说下去恐怕又要回到纠结是否要进行智能化，是否要进行差异化战略转型的讨论上去了。但现在不是纠结这个问题的时候，因为王总比谁都清楚，战略转型是势必要进行的，智能化发展这一方向也是一条好路，这次的会议就是要解决问题、统一思想的。于是王总站起来，坚定地说："已经到了这个时候，战略转型已经不是一个选择问题，而是市场竞争新格局、客户新需求、时代新发展逼我们这么做的，我们别无选择。所以，我们必须在维护好传统业务的同时，尽快推进智能化创新项目的开展。新市场的拓展要花大力气进行，老客户的维护也千万不能放松；我们半条腿已经踏进智能化的领域，物联网技术问题是关键，创新能力也是竞争力资源所在，必须重视。根据大家的反映，目前人才短缺的问题也确实已经严重拖慢了新业务的进展，所以人才的招聘还需要进一步加快进度，相关管理人才和高新技术人才要重点关注，确保关键人员到位。"

王总一番话好似给各部门吃了定心丸。新人如果能尽快加入公司助推新业务的发展，那开关插座智能化的新业务就能更加顺利地推进，对公司智能化新战略的布局也能塑造一个良好的开端，这对大家来说都是好事。

三、放"薪"招聘 才解难题

大家散会后王总独自留在了会议室，叫来了人力资源部部长老袁。老袁资历比王总小不了多少，但对王总依然十分尊敬。虽然不是科班出身，但老袁在公司多年，对公司的人力资源体系和运作模式、规则等都是再了解不过，在公司也颇具影响力。

老袁刚进会议室，王总就开始说："老袁啊，智能化开关插座的新业务进展遇到了一些阻碍。今天的业务讨论会上，相关各部门的负责人都反映了各自遇到的问题。"

"王总，您今天不找我我也要来找您了，您说的这些情况我确实也有些许耳闻，之前就想向您反映一些情况，但您一直很忙，既然今天大家都已经提出来了，那我就详细和您说一下。"还没等王总点明，老袁就已经明白王总要和他讨论的是什么，因为在此之前，各业务部门已经多次向他催人了，"人才引进的问题确实是目前的难题。迟迟招不到人不是我们部门不努力，实在是我们提供的薪酬水平有限。"

"我们公司之前虽然一直以成本领先，但我们的员工薪酬在业内也还算是中等水平了，我们的岗位工资制运行这么久也没出现过什么大问题，大家一直都以职位为依据发放工资，便捷公平。薪酬除了以岗位等级工资为主的基本工资，还有个人绩效工资，公司还提供公司绩效奖金、津补贴以及各种节假日福利等，综合待遇应该也不算差啊。"王总接过话来说。

"您还记得新战略刚开始布局时，我们招聘到的那部分人员吗，那次就已经费了大力气。因为薪酬的问题谈来谈去，按公司现有的工资人家不愿意来，市场工资已经比公司调薪幅度快很多了，但给太高了又怕老员工有意见。最后是提供了比老员工稍微高一些的工资，还承诺学习机会、发展空间，才勉强搞定，招的这么多员工，一个个谈薪酬，和他们软磨硬泡，时间也花了不少。而且顾虑老员工的感受，我们对新员工的工资数额也是藏着掖着，小心翼翼啊。"

见王总若有所思没有接话，老袁继续说："之前招聘的大部分都还是我们传统硬件制造业的，薪酬水平虽然比公司在岗的员工高，但多少还在我可以把控的范围之内，才勉强招进来。现在的新业务要在互联网行业招人，互联网行业的巨头们都是肯花大价钱给工资的，它们那些员工的薪酬水平比我们的高了不知道多少，我们一边要考虑公司本身的薪酬体制和规范，一边又要考虑市场上的薪酬水平，实在是很难办。现在这些还没搞定的岗位，既要求有过硬的技术又要有创新能力，而且还都是一些稀缺的关键人才，用之前的办法完全行不通，毕竟人家的薪酬水平摆在那，我们也没有办法。所以还是得王总您……"

老袁的话让王总感觉到压力，老袁一贯都在规范内行事，一直也没出现过什么大的差错，而这次的问题确实有些棘手。老袁也说出了王总的顾虑所在，国企在机制体制上受到一定的约束，虽然前期流失了一些老员工，但目前公司中老员工仍然不在少数。但这次智能化已经开始，必须继续推进而且得加快步伐，这么一直拖着肯定不是办法，王总也知道老袁已经尽力了，于是拍了拍老袁的肩膀说："我们既然已经决定这一步了，核心人才肯定是新业务的关键，是必须争取的，薪酬的问题你调查好市场价，就放心开吧。"经过商议，王总拍板敲定了这次新员工薪酬的大致标准。王总嘴上这么说着但心里还是有一定压力的，提高新员工的薪酬水平意味着前期的投入又增加了一笔，不过话说回来，只有人员到位了，新业务才能持续推进，但愿这次招来的人员能够发挥作用，为公司增加新鲜血液，创造佳绩。

有了王总的许可，老袁一下子轻松了许多。薪酬水平跟上了，前期一直没商定的几名互联网行业的员工也都陆续入了职，技术部门不仅引进了高级 Android 开发工程师还招到了高级前端、后端工程师等几个技术人才；其他部门的人员也都基本到了位。

新员工的加入为老员工解决不了的那些难题带来新的破解力量：与智能开关插座硬件对接的手机软件逐渐开发完善，网络控制联动方面的 bug 也被前端工程师持续修复，用户界面的美观优化正在进行，市场拓展也在跟上，智能化开关插座的新业务在逐步衔接中……

从目前来看，在老员工把控的管理层带领下，受到王总的感染，大家都干劲十足，各模块进展也都还算顺利，智能化开关插座这一新业务已经逐渐步入正轨。虽然因为前期研发、市场等各方面费用都有增加，投入较大，导致公司净利润不升反降，但王总认为，新业务已经有所突破，而且在往好的方向发展，公司也算是在智能化业务上打开了局面。

四、逐渐激化的"新""老"冲突

眼看公司智能化的步伐稳步前进，王总对自己布局的新战略越来越有信心。可就在这种绷了这么久的弦终于不用绷这么紧，只需要按部就班、稳步推进的时候，新员工薪酬高于老员工的事情还是纸包不住火，被传开了，陆续有一些不和谐的声音传到了王总耳朵里……

"哎呀，你说这个什么智能化的新业务，它就不应该开展，投入这么多不说，也没见什么好啊，公司利润都下降了，你看看我们这个月的公司绩效奖金，比之前都少了这么多。"

"可不是嘛，不光是你们负责新业务的部门是这样，我们这些传统业务部门还不是一样，新业务和我们关系不大，可是我们的奖金也还得跟着降，没有办法啊。而且，公司的钱啊肯定都给那些新员工发工资去了，我们部门这些新来的员工，明明和我们同样是员工级别，工资却比我们高出这么大一截，我们也不比他们差呀，简直太不公平了。"

"真是可怜我们这些老员工啊，勤勤恳恳为公司服务这么多年，努力工作工资还是只有这么一点。我们部门已经有好几个和我同期进来的人，早就在逛'智联招聘'、逛'前程无忧'了，听说最近已经准备离职奔新东家了！"

上面的对话是王总在公司卫生间时无意中听到的，听起来应该是哪个部门的几个老员工发出的抱怨。不过王总认为，公司开拓新业务前期投入多其实也很正常，员工薪酬中的公司绩效奖金部分一直都是和公司的净利润挂钩，根据员工的职位等级来确定一定比例进行发放的。绩效奖金的波动之前也是有的，只不过前几年公司的市场稳定，波动比较小，现在的新业务才刚开始，基层员工对薪酬数额比较敏感，发发牢骚也可以理解，等后续发展得稳了，这一块自然也会跟着涨上去的。至于新员工工资比老员工高的问题，王总之前也是和老袁商讨过的，对公司的发展来说，尤其是这种战略转型的关键时期，人才资源起到的作用是不言而喻的，而且薪酬向这些新员工倾斜也不是自己随意确定的，确实是人才市场的变化导致，不提供这种高薪酬也招不到人，薪酬倾斜确实也无可厚非。

王总觉得老员工们发发牢骚应该就好了，毕竟现在公司也都运转正常，这些问题等公司的转型进入稳定期了，一切都会好起来。但令王总没有想到的是，拿着高薪的新员工竟然也有不少意见。王总有天太累伏在办公室的桌上就睡着了，醒来的时候天已经黑了，刚走下楼准备回家，就听见了电梯旁边的大办公室里传出了以下的对话：

"今天又是我们这些人加班啊。不知道这些老员工怎么回事，在公司这么关键的转型期间，工作这么多，他们居然还是卡点下班，每天时间一到，一溜烟就看不到人了，倒是我们这么些新来的每天在这里挑灯夜战。"

"就是啊，技术部里我们后端小组都是新员工，我们几个每天连轴转，既要时刻关注平台网络交互连接，又要处理后台数据库，有时候还要紧急修复线程连接故障，自己分内的事情都已经够多了，但是部门的有些老员工，只要稍微遇到一点什么棘手的问题，都要找我们组的人去帮着解决，有些问题他们自己明明也懂，就还是非要找我们，碍于他们资历高，公司都是以级别说话的，我们也不好说什么，每天只好加班加点，才能完成工作。外面的竞争现在都这么激烈了，他们难道不关注新技术、不更新自己的技术技能吗，唉……"

"我觉得他们呀就是嫉妒我们，羡慕我们的工资比他们高呗，所以你看之前我进市场部的时候说好会有老员工带着熟悉业务，后来指派的那些老员工根本就不怎么想搭理我们，现在还觉得我们高工资干的活不够多，还把工作中的那些杂活全都丢给我们几个刚毕业的大学生做。"

"对，小张的话我完全同意，和我毕业刚进办公室的时候一样。我来得比你们早一些，深有体会。你们看我们办公室的小丽姐，上班就是偶尔处理处理文件，没事不是找这个唠唠嗑，就是坐在位子上喝喝茶、看看电脑，每天搞得很忙的样子，但其实就没干什么事情。固定工资占比高，津补贴福利什么的就更不用说了也是照拿。绩效工资比例也不高，这些业绩结果反正都是部长评的，他们关系都这么好，"优秀"都是轮着来，而且只要做的不是太过分、不犯什么大错误反正都有得拿，不就懒散惯了。唉……活都是我干了，虽然是比她工资高一些，可是天天加班，也没什么奔头，好没意思啊。"

仿佛一说到这个，大家的话匣子就打开了……但王总没有再继续听下去，因为公司一向和谐相处，王总认为公司的实际情况还得再观察观察。

虽然员工的这些抱怨带有很大的自我情绪在其中，但也确实反映出了一些实情。自从公司招进来的新员工工资比老员工高一事被传开，老员工对新员工的意见就被激发了，老员工总是对新员工爱答不理，还对新员工的工作指手画脚；而新员工对有些老员工的工作态度也很有怨言，认为老员工拿着工资不干活，导致新员工总是要干职责以外的事情，工作量很大，常常加班加点，新员工逐渐有种出力不讨好的感觉，工作积极性也不那么高了。这些年随着 HZ 电器的发展，新员工也逐渐增多，除了这次因为转型拓展新业务所招聘的一些互联网业务新员工，近两三年招聘的质量、市场、生产、技术、销售等各部门新人更是占多数。有些问题不是现在才有的，一两年前公司和谐的表象下其实已经暗流涌动，新老员工因为薪酬产生的矛盾也在转型开始之前就已经有了苗头，只不过这次的转型中互联网行业来的几名新员工与其他员工的薪酬差距比之前更为明显，进一步激发出了这些矛盾冲突，也暴露出了早年公司管理当中存在的一些问题。

近期，公司的这些不和谐现象越来越显露，萦绕在王总心中，王总正靠在椅子上想着这些问题。这时，办公室门突然被敲开了，走进来的是技术部部长老李，王总本以为老李是要和自己汇报近期的工作进展，但令王总始料未及的是，老李递上了自己的辞职信。老李也是 HZ 电器的元老级人物了，技术十分过硬，做事也一向沉稳老练，这么多年来为 HZ 电器做出了很多贡献，是公司的核心人物之一，要不是老李几个潜心钻研，突破难题，公司的产品不可能有今天的地位。

事情是源于上周刚入职的技术部副部长，他是被公司从互联网公司中高薪挖过来支持新业务的，而老李递辞呈就是被他过高的薪酬激怒，感觉自己在公司已经不受重视了，资源都向部门新来的副部长那边倾斜，虽然新来的副部长创新能力强、思维也开阔，但最让老李心里不舒服的就是副部长的级别显然比他低，但是薪酬却比他高，这导致部门里的员工都议论纷纷，老李在部门中的威信也有所下降。王总也知道老李这次"退位让贤"的举动并不是他真的想走，毕竟在 HZ 电器这么多年，老李对公司还是有很深的感情的，老李在意的还是薪酬带来的不公，毕竟薪酬是价值的体现。

王总对老李打了一手感情牌，一番苦苦劝说后，算是暂时把老李稳住了。可是老李的这一纸辞呈还是给王总敲响了警钟，原先想要后续再解决的问题似乎已经到了不得不解决的时候。

五、欲解冲突却又引新问题的薪酬改革

新老员工因薪酬而起引起的矛盾已经影响到了工作，不和谐的氛围在新老员工之间蔓延，这些问题已经明显严重影响了公司的发展，再不先平息大家因薪酬而起的冲突，公司的内部状况恐怕只会越来越糟。给大家统一提高薪酬当然皆大欢喜，但国企薪酬有总额限制，几经思考，王总顶着巨大的压力，狠下心对中基层员工的薪酬进行大刀阔斧的改革，希望能把内部稳定问题解决，尽快恢复和谐稳定。这次实施的薪酬改革主要有两个方面。

第一是改变了基本工资构成，在原先以职位等级为依据的基本工资基础上，加上以工龄作为决定因素的工龄工资。具体来说职位等级工资依照原来的标准执行，即按照"普通员工、小组组长、副部长、部长……"的职位等级梯次执行不同的职位工资标准。工龄工资即按员工在公司工作的年限以予发放，每多在公司服务 1 年，月工资就增加 100 元，比如已经在公司工作了 6 年的老员工，每月的工龄工资就是 600 元。

第二是提高了个人绩效工资的占比，并采取匿名评分排位，末位降薪、靠前加薪的规则。原先的薪酬中固定工资占比较高，此次改革为了激励大家积极提出产品创新创意和生产技术创新，将个人绩效工资在薪酬中的占比由原先的 20% 左右提高到 40% 左右，向绩效工资制度靠拢。并且为了避免不公平，改革后采取同事匿名评价的多人评价方式，部门内的每个员工都有权对他人的工作表现和创新行为进行评分，评分依据之前部长们使用的定性评价标准进行。评分结果采用排名制，名次与薪酬挂钩，有奖有罚，年度累计一定次数的排名靠前可以加薪，而排名垫底的则要接受降薪处理（见图 1）。

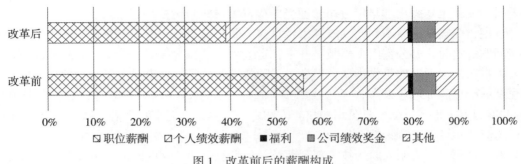

图1 改革前后的薪酬构成

王总认为这次的薪酬改革对公司新老员工来说都是好事，做出的这两项改革，主要是基于以下几个方面的考虑。关于基本工资方面，一方面是为了肯定在职老员工的忠诚和历史贡献，增加工龄工资后，老员工的薪酬水平就比之前有所提高，对老员工的不满可以起到一定的安抚作用；另外一方面也可以对提高新员工留职意愿起到一定程度的作用。关于个人绩效工资的改革，是考虑到公平性和薪酬激励效果的问题，绩效工资比例提升，想要得到高的绩效工资就得靠自己加倍努力的工作，这能够改变员工工作积极性下降的问题，新老员工都能通过自己的努力拿到优秀的绩效工资。同时，对于那些工作作风懒散、迟到早退有"混子"嫌疑的员工，在匿名评分时也会被筛选出来，降低他们的薪酬、替公司节约了成本，接受不了降薪的自然就会主动离职。这对公司来说也是好事，一方面能对有这种倾向的员工起到警示作用，另一方面也借薪酬的手自动清退一些混日子的员工，改变人浮于事的状况，提高整体工作效率。

新的薪酬制度实行之后，公司确实有了一些改变。比如质量部的老员工小何，原本要靠再努力好几年争取到岗位晋升之后才能拿到的工资，现在因为工龄工资的加入，自己过去对公司的服务也体现在了工资里，工资水平就涨上来了一些，工资拿到手还是很开心的。还比如技术部的新员工小万，新制度实施后工作更加努力了，月末就拿到了优秀的绩效工资。和小万一样积极进取的新员工也有不少，都希望通过自己的努力获得更多的薪酬肯定，为不排末位而努力赶超。

当然，有人笑也有人哭。比如办公室的小丽，过去在公司习惯了清闲日子，现在也还是老样子，磨洋工、装忙碌的状态都被大家看在眼里，一时半会儿也改不过来，果不其然，新制度实施后的第一个月就"荣登"末位。当然，小丽的工作表现在第二、第三个月依然稳坐末位。新薪酬制度让像小丽这样不想干事的老员工慌了神，这让他们的利益受到了很大的损伤，于是他们开始拉拢人心，商量着在评分环节统一战线……第四个月评分结果出来时，这些老员工算是松了一口气，在他们的操控中，一些工作能力比他们强的新员工反倒成了末位之选，接下来的几个月也是如此。

得到的结果与自己的付出并不一致，这些新员工觉得自己受了委屈和不公对待，无法接受，陆续愤然离职。一些踏实肯干的老员工知晓其中的暗地操作，也默默地为自己的命运担忧，担心自己会不会有一天也在评分中成为被攻击对象，纠结着是该和他们抱团还是该赶紧另谋出路……

一时间，公司变得人心惶惶，公司的气氛也极其紧张。很多老员工强烈要求回到以前的制度，也陆续有部长找到王总反映末位降薪导致的人员流失和人心不稳问题。在大家用行动表达极其强烈的反对下，个人绩效工资的比例调整保留，但同事评分和末位降薪被就此叫停。

然而问题还在继续产生……有些新员工努力工作，但提出的一些新看法、新点子总会被老员工否定，还有一些老员工以各种方式打压新员工。就以市场部新员工小张为例，她之前提出过好些新式的市场推广方式，却被上级以"太花里胡哨了""不符合公司的理念"等一些类似的理由驳回，其中有一些方式后来有同行的其他公司做了，效果还挺好；小张有时候在客户沟通、挖掘等问题上需要请教老员工，或者有些产品资料、老客户资料需要请老员工提供，但老员工不想让本来薪酬就比自己高的新员工还一直获得加薪的机会，害怕新员工抢走了自己的饭碗，因此不愿意将自己的经验传授给新员工，对新员工的问题常常敷衍回答，有时甚至装作不知道，提供的资料也是时常有缺漏，这对小张这些新员工的工作开展造成了很大阻碍。逐渐地，新员工也放弃了挣扎，有些选择了离开，有些选择了变得和老员工一样"佛系"，有事干事、没事休息，也不花时间主动思考新业务了，大家的工作表现平平，积极主动的状态也都不见了。

绩效加薪对大家来说固然是好事，但由于降薪制度的取消，公司的薪酬总额也在不断地上升，绩效却未见提高。

六、薪酬制度该何去何从

王总看着公司上个月的业绩报表，眉间已经皱成了"川"字，到这个阶段本该突飞猛进的新业务业绩现在却没有丝毫涨势，传统业务也受到很大影响。从过去来看，老员工们也不是毫无激情、不愿奋斗的，只不过是"倒挂"的薪酬现象刺激了他们，觉得新员工多拿工资多干点活是应该的。新员工也不是恃才傲物，老员工的经验他们也是很愿意学习的。一边是与公司共患难、为公司服务多年的老员工，另一边是相信公司、朝气蓬勃的新员工，王总夹在中间无所适从。面对这些情况，公司的薪酬制度是该继续坚持改革呢？还是回到过去？过去的薪酬制度沿用了这么多年一直也没出现过什么太大的问题，那时的公司至少还能维持面上的和谐，公司在老员工的手里也一直维持着稳定；而新制度的初衷是好的，鼓励大家努力，本该受到大家的支持，然而为什么还是出现了问题？可是，不改革能适应新业务的发展和市场的变化吗？王总的烟一根接一根，在办公室里来回踱步，心乱如麻，公司的薪酬制度到底应该怎么办才能化解新老员工矛盾、调动大家的积极性，以适应公司的发展呢？

💬 案例使用说明

1. 教学目标规划

（1）学会分析岗位与绩效薪酬体系的优缺点，明确其在组织中的适用情况。

（2）通过对战略实施受阻问题进行原因分析，掌握薪酬与战略之间的匹配关系，通过薪酬制度实施表现出的问题，理解公平理论在薪酬设计中的运用，通过分析绩效薪酬实施的效果和问题，掌握绩效薪酬的激励有效性设计。

（3）学会通过薪酬体系的设计来控制薪酬总量，学会薪酬设计的内容和步骤。

2. 启发思考题

（1）薪酬水平的决策影响因素有哪些？

（2）薪酬设计需要遵循哪些基本原则？

（3）薪酬与战略的关系是什么？

（4）薪酬如何才能发挥有效的激励效果？

（5）绩效薪酬体系的实施有哪些关键要点？

（6）薪酬设计的内容和步骤包括哪些？

（7）假如你是王总，你如何处理此次的薪酬风波？

3. 课堂讨论题

（1）HZ 电器战略转型前招人难和转型初期遇到人才困境的原因是什么？

（2）转型前，HZ 电器采取的是什么薪酬体系？这种薪酬体系为什么之前运转良好？新员工的抱怨中反映出这个薪酬体系的什么缺陷？

（3）改革后采用的是什么薪酬体系？这种薪酬体系有什么优缺点和适用条件？

（4）HZ 电器在转型前后分别采用的是什么战略？薪酬改革前后分别如何体现与企业过去和现在战略的匹配？薪酬改革前出现的一系列问题是否和战略匹配有关？

（5）新员工加入后，新老员工产生矛盾冲突反映出企业违背了薪酬设计中的什么原则？

（6）HZ 电器的薪酬总量受到一定限制，在不能大幅提高薪酬水平的前提下，如何通过薪酬构成方式的设计来平衡矛盾？

（7）改革后薪酬激励产生了哪些激励效果？为什么有这种效果？但后续为什么又会出现绩效薪酬的激励效果失效的问题？

（8）如果你是王总，你会对 HZ 电器的薪酬采取什么样的改进措施平息新老员工的矛盾？又会采取什么薪酬措施提高员工的积极性？

📝 参考文献

［1］梁上坤，张宇，王彦超. 内部薪酬差距与公司价值——基于生命周期理论的新探索. 金融研究，2019，42（04）：188-206.

［2］马述杰. 薪酬公平、情感敬业与工作绩效关系研究. 山东社会科学，2017，31（12）：141-145，152.

［3］邢赛鹏，赵琛徽，张扬，刘丹. 全面薪酬激励如何驱动企业人力资本价值提升？——基于国家电网湖北电力公司的案例研究. 中国人力资源开发，2017，29（11）：119-130.

［4］冯亚乾，杨旭华. 供给侧改革背景下国有企业薪酬管理问题分析与对策建议——以 XY 电力企业集团为例. 中国人力资源开发，2017，29（01）：74-82.

风口下的 "忧伤"

【摘要】经济信息化、数字化发展的趋势在促进 IT 企业的迅猛发展的同时，也使得 IT 企业的竞争进入白热化阶段。信息技术从业人员是 IT 企业发展的最重要力量，IT 人才的供不应求使得企业对于优秀员工的争夺演变为一场没有硝烟的战争。IT 企业应当重视薪酬管理的作用，通过建立完备的薪酬体系以吸引和保留人才，并激发员工的工作积极性。本教学案例以 Y 信息技术有限公司为例，分析在信息技术产业竞争加剧的背景下，Y 公司在薪酬管理方面遇到的问题及如何对现有薪酬体系进行变革。

【关键词】数字化；薪酬设计；工作积极性

随着全球信息化进程的不断加快，信息技术产业的发展水平成为影响国家综合实力的重要因素。国家对信息技术产业予以高度重视，并提供相应的政策扶持。近些年来，在人工智能、云计算和大数据等信息技术大潮下，我国 IT 产业发展势头迅猛，并且发展前景无限、市场空间广阔。Y 信息技术有限公司（以下简称 Y 公司）所在的 D 市是信息产业发展的重点扶持城市，20 世纪初，D 市迎着政策东风，大力发展信息技术产业，发展成我国的软件和信息服务中心。Y 公司成立之初，凭借先进的技术、充足的资源以及良好的企业信誉，迅速发展成为 D 市信息技术产业的领头羊，在业务发展迅猛的同时，也凭借良好的企业声誉和优厚的薪资待遇建立了一支稳定且高素质的队伍。然而，随着 IT 企业的不断增加，以及国际 IT 企业的入驻，D 市 IT 企业之间的竞争愈发激烈，IT 行业人才匮乏的现状使得这种竞争集中表现为对高端技术人才的争夺，IT 从业人员的薪资福利水平节节攀升。在这种背景下，Y 公司薪资待遇方面的竞争优势逐渐丧失，薪资水平的滞后，导致公司人才流失率逐渐上升，员工也出现了消极怠工的行为。

一、公司简介

Y 公司创建于 2006 年，是中国领先、国际化的 IT 服务及数字化运营专家，是一家聚焦客户体验、为客户提供创新型的整合 IT 服务的企业，其客户类型包括行业、企业及终端客户三类。自成立以来，Y 公司通过创新的技术和专业的 IT 解决方案与服务体系，形成了具有高竞争性和高附加值的业务核心，平均年复合增长率 35%，先后荣获国家级高新技术企业认定、中国最具影响力软件和信息服务企业等称号，在海内外均设有分支机构。目前，中国国内及亚太地区分布着 Y 公司近 6000 名员工，Y 公司得以跨区域为全球客户在亚太地区提供专业化的运营服务。

业务方面，Y 公司面向医药、互联网、TCT、金融保险、能源、数字农业等行业，提供全面的数字化运营解决方案，并投资建立了中国北方最大的数据中心。除了行业用户，Y 公司通过创新的技术和专业的 IT 解决方案与服务体系，分别在业务流程外包、应用软件开发、嵌入式软件开发、产品工程服务、IT 技术支持管理、移动互联网技术等领域，先后与富士施乐、SOFTBANK、UNISYS、日本乐天、SONY、阪急阪神、腾讯、阿里巴巴、华为、阿斯利康、先正达、赛诺菲、武田制药、美的、顺丰、唯品会、华夏人寿、天安人寿等全球知名企业建立了长期稳定的合作关系，持续为这些客户在 9 个国家的近 20 万名企业 IT 用户提供运营服务，Y 公司不断努力成为全球领先的数字化运营专家。

员工构成方面，Y 公司以知识型员工为主，员工学历大专以上占比为 95%，本科以上为 58%，IT 类人才总数占比为 70%，员工的平均年龄为 28 岁。Y 公司的基本组成单元是项目组，除了人力资源部门、财务部门等少数辅助性部门外，Y 公司绝大多数部门员工都分布在各个项目组中，其人员架构图如图 1 所示。

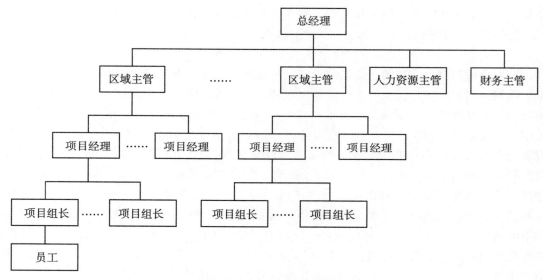

图 1　Y 公司人员架构图

二、寒冬凛冽

随着全球经济衰退的脚步放缓，市场逐步进入恢复期，信息技术产业即将迎来高速发展的"风口"。Y 公司的高层希望抓住这个机遇，在新的一年里实现新的目标。按照原先的预想，在新目标的引导下，公司的各个项目组应该干劲十足，公司的各项业绩指标也应该有新的表现。然而，公司元老级员工的相继离职却使公司的人力资源步入了一个凛冽的寒冬期，人力资源主管安洁不得不敲响警钟。

元旦假期结束后，公司高层在周会上宣布了区域负责人李浩向人力资源部门递交了辞呈的重要通知，李浩将在接下来的 3 周内完成工作交接任务。人力资源主管安洁在与李浩进行离职面谈时，李浩坦言："我决定离开已经工作了 7 年的岗位也是下了非常大的决心，毕竟我毕业后进入 Y 公司是从基层的项目员工做起的，一干就是 7 年，直到做到区域负责人的位置，在别人看来，或许我已经取得了相当不错的成绩，但我觉得我不应该止步于此，与我同期进入这个行业的几个同学目前都发展得比我好，薪酬待遇远在我之上，我希望可以再拼一次，换个环境或者平台，既可以检验自己的能力，也能带来更多机会。"安洁试图挽留，她深知，在信息技术行业中，像李浩这样的资深技术员工就是宝藏，因为他熟知一个项目从底层到高层所要经历的所有流程，一旦流程中出现什么问题，他可以凭借自身过硬的技术能力和丰富的工作经验快速找到症结所在，协调人员尽快从根本上解决问题，具备这样高端能力的员工不是通过短期培训就可以培养出来的，损失这样一位员工，公司即将遭受的打击可想而知，然而公司高层却没有加以挽留，再加上李浩心意已决，安洁对此感到非常遗憾。

无独有偶，随着春节步入尾声，各项工作逐渐回归正轨，各个项目组也重新进入新的工作状态。这一天，安洁突然收到两封辞职信，申请离职的是公司两位重要的项目经理——张东明和冯曼曼，这两位项目经理还是四年前安洁亲自从知名外企挖过来的。张东明在辞呈中解释说，同行业某公司以目前两倍的薪酬向他抛来了"橄榄枝"，并承诺给他更高的职位，为了有一个更光明的未来，他选择了接受，并在信中感谢安洁的信任与照顾。同样地，冯曼曼也是因为今年的薪酬涨幅未达到预期而提出了离职申请。张东明和冯曼曼在进入 Y 公司后，分别管理两个重要的项目组，正是这个机会使得二人从以前只负责具体业务的基层员工成长为项目团队的管理领导，管理能力和业务水平都突飞猛进，达到可以独当一面的水平。迅速的成长使他们希望可以再进一步，然而目前公司的组织架构致使他们短期内无法得到晋升的机会，因此他们转而期望可以在薪资方面有所提升，以弥补职级无法提升所带来的心理落差。对于两位优秀员工的加薪期望，安洁予以高度重视，曾多次向上级提出申请，但是上级领导出于企业运营成本的考虑，再三权衡之下拒绝了安洁的申请。两位项目经理离职后，可用的项目经理陡然紧缺，只能从其他项目上调来相对经验丰富的项目经理暂时接管他们先前负责的项目，但安洁明白这不是长久之计。

2017 年大概是个多事之秋，继两位项目经理离职后，安洁没有预料到资深员工赵海居然也提出了离职申请。赵海是学技术出身的，在 Y 公司已经工作了 6 年，虽然不是管理层员工，但他的工作态度和技术能力获得公司上下级员工的认可，并多次获得"最佳员工"的称号，作为资深老员工，他细心教导新员工，在公司开拓新项目的时候也积极参与项目基础建设工作。自进入 Y 公司以来，赵海虽然一直没有得到晋升，但公司在工资方面进行了相应的弥补，因此赵海的工资水平并不算低。安洁对赵海的离职深感疑惑，赵海解释说："我的工资水平确实不算低，但我也想体验一下做领导的感觉，我在公司干了这么多年却一直得不到晋升，有些比我后来的同事都成了我的领导，我也不知道我们公司晋升的标准是什么。而且我们公司的福利待遇与其他公司相比真是差远了，除了国家规定的各类保险，一年就一个年终奖金，还不是所有员工都能获得的，业绩表现不佳不仅没有年终奖金，而且还会受到惩罚，去年我就是因为分到了一个绩效不达标的项目组，年终奖跟着没了。我特别羡慕我那些同行业的朋友们，他们不仅会在传统节日收到企业发放的各种福利，而且还可以获得带薪休假、高级培训和职位升迁等机会，最重要的是他们刚进企业就会有人结合他们的发展需求为他们制定合适的职业发展规划，我觉得这样的企业是很有温度的，是很关心员工的，但我在 Y 公司工作这么多年却很少体验到这种温暖。"听了赵海的回答，安洁若有所思。

三、雪上加霜

随着老员工的相继离职，公司内部开始人心不稳，部分员工也跟着离开，项目组出现人手不足的问题。随着负担的任务越来越重，员工的工作状态越发糟糕，工作效率出现大幅下滑，导致一些企业客户要求的 IT 解决方案迟迟无法完工，客户对此表示非常不满。眼看公司原定的目标愈发实现无望，公司领导层开始着急。人力资源部门为了招聘新员工也是忙得焦头烂额，但是由于公司无法给出足够吸引人的报酬，人力资源部门始终无法招到满意的员工，对此安洁十分心急。为了缓解项目组人员短缺的状况，情急之下公司选择与劳务派遣公司合作，使用大量临时工。然而，由于临时工不了解项目组的情况，技术能力也不过关，因而在工作中遇到各种困难，导致他们原本就不高的工作积极性进一步下滑，消极怠工行为频发，引起项目组原有员工的不满。临时工与正式工之间的不配合，使得部分项目的团队稳定性较差，造成开发的项目质量下滑，进而导致客户满意度出现下滑危机，Y 公司还因此损失了部分订单。

一系列问题的纷至沓来，让作为人力资源主管的安洁颇为忧伤，她明白之所以会产生这些问题是因为公司的薪酬管理存在缺陷，但是由于 Y 公司的主营业务是信息技术，公司领导层认为信息技术的发展才是公司生存和发展的命脉，主要将精力集中于信息技术的研发及更新，而对人力资源管理工作较为忽视，至于人才，由于 D 市是信息技术人员的聚集地，Y 公司的领导层认为只要去招聘就能获得所需的人力资源。殊不知这种情况早已发生改变，随着信息技术产业的竞争进入白热化阶段，供不应求的信息技术人员早已成为稀缺资源，人才才是关乎公司生死存亡的关键。想通这些道理，安洁觉得自己应该尝试改变上级领导的思维，就在安洁准备去找上级领导王总谈话的当口，研发部的研发经理林萧叫住了安洁。

林萧是五年前进入 Y 公司的，电子通信专业出身，本科毕业后进入 Y 公司是从研发基础岗做起的，工作一直兢兢业业，学习能力强，前不久升上了研发经理的职位，林萧对此感到很满意，Y 公司的工作氛围好，同事相处融洽，工资水平也符合他的期望。就在林萧沉浸在升职加薪的喜悦中时，他却偶然得知已经离职的两位项目经理的工资水平远在他之上，同为中层管理人员，没想到他的薪酬却比他们低了 4000 元，对此林萧感到非常不公平，先前的喜悦一扫而空，一气之下他便找上了安洁，让安洁给他一个合理的解释。安洁知道会出现这种情况是因为公司更加重视信息技术专业，在核心部门的薪酬设置上给予更多的倾斜，尤其是项目部，所以造成公司部门间的薪酬差异过大，这种差距越往上走越为明显，其实这种不公平在 Y 公司内部存在已久，只是由于薪酬保密工作做得比较好，所以这种内部不公平导致的问题一直没有暴露。然而，林萧找上自己或许就是问题爆发的开端，安洁意识到这个事情必须妥善处理，公司的薪酬管理体系也必须尽快做出调整。在对林萧进行一番安慰并保证自己会给他一个合理的交代后，安洁迅速做了一番准备。

四、拨开云雾

第二天安洁来到了总经理办公室，请求王总批准自己对公司的薪酬体系进行改革。安洁首先向王总递交了一份报告，里面是各种数据的分析结果，接着结合报告的内容，安洁向王总解释了当前 IT 人才供不应求的现实状况，并且伴随着行业的发展，IT 人才的短缺现象将越来越严重，各大企业对于 IT 人才的争夺已愈发激烈，"人"是 IT 企业最大的价值，并指出当前公司没有认识到人力资源是公司未来发展的核心竞争力所在这个事实。指出这点后，安洁替公司算了一笔账，那是已经离职的元老级别的员工直接或间接给公司造成的损失，损失金额大大超过加薪可能带来的收益，并且这个损失可能还会继续增加，她希望公司可以重视对优秀人才的保留。紧接着，安洁对每一位员工离职的原因进行了剖析，总结下来可以概括为以下三点：第一，是薪酬缺少外部竞争性。Y 公司一直坚持节约发展的思路，在人力资源成本控制方面比较苛刻，当前的薪资水平与同行其他企业的薪资水平相比已经产生了较大的差距，而员工愿意留在某个企业的前提是自己付出的劳动可以获得等价的回报，显然 Y 公司没有做到这一点，才会导致员工接连"跳槽"。第二，是职业发展受阻。张东明、冯曼曼和赵海离职的部分原因都是因为公司没能为他们提供足够的晋升空间，IT 员工是高端人才，比较注重自我实现和成长，而 Y 公司忽视了这一点。第三，是薪资方案过于单一。Y 公司的薪资方案过多关注经济性报酬，忽视了非经济性报酬的作用。Y 公司薪酬的具体构成为固定工资、岗位津补贴、年终奖及法定福利。现有的福利政策不尽如人意，除了法定福利就只有年终奖，年终奖一年一次发放，激励效果短暂，并且年终奖根据业绩发放会导致很多员工非但无法获得员工福利，还会在其他员工得到奖励的时刻被惩罚，没有发挥福利的激励作用。最后，安洁向王总反映了林萧的问题，并表达了自己的担忧。项目部、研发部和事业部都是 Y 公司的核心部门，事业部的部门职责主要是承接和招揽国内外的重大项目，研发部主要负责研发新技术，项目部则是负责实施所有信息技术开发项目。三个部门对于公司的战略发展而言具有的价值是相同的，但是一直以来 Y 公司的高层认为项目部负责项目实施，最是劳苦功高，所以给予该部门的薪酬待遇明显高于其他两个部门。同为核心部门都尚且如此，更不必说其他的普通部门了，部门之间的薪酬水平差距过大造成内部不公平，一旦薪酬水平偏低的部门的员工得知此事，必然会造成这些员工心态失衡，产生负面情绪，轻则消极怠工，重则导致新一轮的员工流失。

结合问题分析的结果，安洁接下来对薪酬体系改革的思路进行了说明，薪酬体系改革的首要目的就是解决 Y 公司当前的薪酬体系缺少外部竞争性和内部一致性的问题。解决外部竞争性问题，需要通过市场薪酬调查得出同等地位企业的平均薪酬水平，判断 Y 公司当前的薪酬水平在市场中处于什么位置，然后结合企业的发展战略及经营情况合理调整薪酬水平。解决内部一致性问题则需要进行岗位价值评估，对岗位进行分类，采用统一的评价标准得出各个岗位在公司中的相对价值，然后根据岗位价值合理定薪，通过这种方式达到增加内部公平感知的目的。至于晋升空间受限这个问题，安洁认为这是组织结构扁平化导致的结果，组织扁平化使得 Y 公司能提供的管理岗位少，这种情况下需要引导员工向提高自己的岗位技能发展。对应的薪酬激励制度应与之配套，Y 公司是高新技术企业，以管理类和技术类员工为主，可以通过设置宽带薪酬的方式，以绩效和能力为导向，使员工即使不通过职位晋升也可以逐步提高自己的薪酬水平，从而使员工不断得到激励。最后就是完善薪酬构成，适当增加非经济性报酬。

王总在听完安洁的分析及改进思路后，深受启发，其实最近发生的一系列事件已经使王总认识到人才对于公司发展而言的重要性，他也意识到公司节约发展的思路已经不适合当前的情况，用在人力资源上的支出不能只是视为一种成本，而是应该看作一种投资，招人和留人都需要充分发挥薪酬的作用。虽然想清楚了这一点，但是王总一时之间也不知道该怎么做。眼下经过安洁的一番分析，王总觉得豁然开朗，对安洁进行薪酬体系改革的请求予以大力支持。

当天的周会上王总便宣布了公司要进行薪酬体系改革的决定，并让其他部门全力配合安洁的工作。

五、雪霁天晴

获得高层领导的支持后，安洁当即带领人力资源部门的员工展开了岗位分析及岗位评价工作。安洁首先按照各个岗位的工作内容、性质、特点对公司的全部岗位进行了梳理。安洁庆幸公司的岗位不是太多，根据 Y 公司当前的组织结构现状，她将公司全部的岗位分为 4 个大类，即技术岗、管理岗、职能岗和销售岗，接着组织部下对所有岗位进行工作分析和任职能力分析，形成岗位说明书，为职位评价提供信息来源。在选择岗位评价的方法时，安洁结合公司目前的实际情况及自身的经验最终决定采用要素计点法，在选取合适的报酬要素后，安洁按照要素计点法的步骤对每个职类的代表性岗位进行评价，在评价的过程中关注岗位之间的差异性和可替代性，可替代性高的岗位价值相对偏低，可替代性高的岗位价值相对偏高，岗位价值之间的差距注重合理性。岗位价值评价完成后，将全部岗位划分为 8 个职级。

完成岗位分类分级和岗位价值评估之后，安洁开始安排人员进行外部市场薪酬调查。薪酬水平的设计，要通过广泛的市场调查，了解竞争对手相似岗位的薪酬水平。D 市是 IT 企业的聚集地，IT 企业数量众多，不可能对所有企业都进行调查，安洁决定选取具有代表性的 30 家企业进行调查，通过全面搜集这些 IT 企业在招聘各类岗位时发布的薪资等方式获取类同行业企业的基本工资、奖金及福利等与薪酬相关的信息。在信息收集的过程中，下属向安洁反映了一个问题，即 IT 企业中许多中高层岗位都是通过挖人的方式获取所需的人才而不是公开招聘，这种情况下他们的工资水平就无法获取。安洁了解这种情况后，就对已经跳槽的中高层员工进行了访谈，通过这种方式获取了所需的薪酬信息。信息收集完毕后，安洁对薪酬信息进行了数据分析，得出所调查岗位的市场平均薪酬水平及公司目前的工资水平在市场上的位置，Y 公司目前的薪酬水平明显滞后于市场平均薪酬水平。安洁将这个调查结果报告给王总，王总召开领导层会议进行讨论，最后决定普通岗位实行市场追随政策，而高科技人才的引进对于维持公司的技术开发领先优势、开拓市场具有关键作用，这部分核心岗位的薪酬水平实行市场领先政策。

岗位价值评估与外部市场薪酬调查工作均完成后，安洁开始构建宽带薪酬体系，根据岗位价值评估的结果确定薪酬等级，将岗位评价分值在同一区间并且工资性质相近、职责相似、难易程度接近的岗位划分到同一等级中，最终划分为8个薪酬等级。薪酬变动范围的确定参考了外部市场薪酬调查的结果，根据调查结果确定宽带中值并进行相应的调整。结合不同层级岗位价值差别、目前公司的实际工资水平及工资支付能力确定级差，最终确定级差范围为14%～55%。等级内薪档的确定注重为员工发展提供保障，经过讨论和测算，同时结合员工职业发展，将薪档的数量定为11档，确保员工有充分的发展空间。确定档差时，安洁考虑了社会平均薪酬涨幅、物价指数、所在职级岗位的工作差异性等各种因素，经过测算，最终确定薪酬体系档差范围为5%-11%。安洁在设计宽带薪酬时注意使相邻的薪酬宽带适当重叠，以确保低职级但业绩好的员工可以不通过职务晋升而达到上一职级的部分薪酬水平。宽带薪酬设计完成后，公司的薪酬体系实现了内部公平性与外部一致性的统一，最困难的工作已经完成，安洁稍稍松了一口气。

完成这些工作后，安洁着手丰富员工的福利待遇，对比调查得出的其他公司的福利待遇，安洁可以明显看出Y公司在这方面的不足，长久下去必然会使员工感到心理上的不平衡，提升员工的福利待遇势在必行。安洁总结了大多数企业有而Y公司目前没有的福利待遇，对于这些福利待遇，安洁认为Y公司应尽力与其他企业持平。除此之外，安洁认为还应当在福利待遇方面有所创新，如提供员工出国考察、学习的机会，为员工提供健康检查等，通过独特的福利待遇达到吸引和保留员工的目的。

最后，安洁主持设计了非经济报酬激励体系。考虑到对于IT员工而言，除了物质需求，他们还具有较高的精神追求及成长需求，因而安洁侧重发挥精神激励和成长激励的作用，以弥补Y公司当前侧重经济报酬激励的弊端。精神激励方面，安洁构建了荣誉激励、认可激励等制度，满足员工的多种精神追求。成长激励主要包括员工职业发展通道和员工职业生涯发展规划，Y公司与员工职位晋升、员工职业生涯管理等相关的规定和制度一直以来都是临时性颁布的，大多都是在领导更迭过程中产生的，执行标准随着领导的变更而变更，因而Y公司虽然存在职位晋升制度及职业生涯管理制度，但是相对混乱，员工往往不知道达到什么样的标准才可以晋升，对于自己的职业发展方向也比较模糊。安洁组织人员对公司现有的与职位晋升及员工职业生涯管理相关的规章制度进行归纳整理，在学习同行优秀企业做法的基础之上，向公司内部员工征集了可行的管理政策和办法，吸取员工的意见并提高员工参与度，最后修订完善了职位晋升制度及员工职业生涯管理制度，并将其落到实处。

至此，薪酬体系改革已经全部完成，安洁将最终的方案在管理层会议上进行汇报，虽然可以预见到人工成本的大幅增加，但是管理层一致通过了薪酬改革方案。之后安洁将公司准备实施的新的薪酬管理制度、体系进行公开，并采取多种方式对新方案进行解释说明以减少新制度的推行阻力。Y公司的员工们在看到新方案及订立依据后，对新方案表示认同，同时感到非常高兴，因为不仅工资增长空间扩大了，福利增加了，而且员工个人成长方面的规定也明确了，很多人铆足干劲，争取早日达到新的薪酬档次。新方案实施后，公司的员工流失现象明显减少，员工的工作效率显著提高，安洁也重新招到了合适的项目经理，整个公司恢复了往日的生机。

安洁想，人力资源部的这个寒冬可算是结束了。

💬 案例使用说明

1. 教学目标规划

（1）学会根据企业人力资源管理实践中的现象，判断并分析企业在薪酬管理方面存在的不足。

（2）通过思考员工离职的原因，掌握薪酬管理导致员工离职的影响机制，掌握薪酬设计原则。

（3）了解实现薪酬内部一致性与外部竞争性的方法，掌握宽带薪酬的特点及设计要点。

2. 课堂讨论题

（1）你认为 Y 公司元老级员工相继离职的原因有哪些？你是否认可安洁的分析？

（2）你认为影响 IT 员工薪资满意度的因素有哪些？如何通过薪酬设计满足 IT 员工的不同需求？

（3）薪酬改革可能会遇到哪些阻力？如何将这些阻力降到最低？

（4）宽带薪酬适合 Y 公司吗？为什么？

（5）你认为安洁对薪酬体系进行的改革可以解决 Y 公司薪酬管理方面的问题吗？

3. 启发思考题

（1）薪酬设计应遵循哪些原则？

（2）不合理的薪酬管理制度除了会导致员工流失，还可能会导致哪些消极后果？

（3）薪酬设计如何将内部公平性和外部竞争性有机统一起来？

（4）组织扁平化背景下，应如何解决员工晋升空间不足的问题？

（5）如何利用薪酬设计有效提高员工对企业的忠诚度？

📝 参考文献

［1］黄琦荣，申树群．双因素理论视角下"职场囚徒"困境破解思路．领导科学，2018，34（15）：7-9.

［2］孟秀兰，柴攀峰，黄中伟．工作价值观、组织公平与离职倾向及其代际差异．科研管理，2020，41（06）：219-227.

［3］王红芳，杨俊青，李野．薪酬水平与工作满意度的曲线机制研究．经济管理，2019，41（07）：105-120.

［4］王永丽，卢海陵，杨娜，谭玲．基于资源分配观和补偿理论的组织公平感研究．管理学报，2018，15（06）：837-846.

高薪酬＝高绩效？ M 公司的寻路之问

【摘要】大众创业、万众创新推动了新兴产业和中小企业的不断发展。M 公司就是在此背景下创立的，作为一个互联网的初创公司，它一直照搬其他公司的薪酬体系，在创立之初还能吸引人才、提高员工绩效，但后面发现随着薪酬的不断提高其员工绩效并没有相应地得到提高。这让高层管理人员陷入了沉思，重新去审视自己公司的薪酬体系，去思考如何用薪酬管理去提高员工绩效从而体现薪酬管理的意义，最后 M 公司根据自己的战略设计出了属于自己的一套薪酬管理体系。

【关键词】薪酬管理；薪酬战略；薪酬体系

在一个天气晴朗的上午，本该是大家都很开心的日子，但办公室里面传来了一声叹息，李总拿着员工们的绩效考核表和工资表看了一看又放下去了。就在这时有人敲了敲门，进来的正是人力资源部的主管小马，他进来之后问道："李总，咱们公司薪酬水平是不是有点过高了？那些员工的薪酬在不断提高但是公司的业绩没有得到同比的增长，这样下去我们公司的用工成本占比将会越来越大。"李总看了眼窗外，说了一句："那你有什么办法解决这个事情呢？"小马沉思了一会儿回答道："要是我们一直用其他公司的薪酬体系，我觉得这并不是万全之策，我们需要根据自己的战略来设计薪酬体系了。"李总心里想：之前为了吸引人才才照搬别人的这种薪酬体系，现在这些人才稳定了也是需要做出改变了，不能让人觉得在我这里高薪是很好拿的。小马见李总半天没说话，就说了一句："李总您看这个事情该怎么进行？"李总回过神来说："现在这样下去也不是个事。这样，小马你先去咨询一下咨询公司，看看专家们怎么去解决。"听完小马就走出了办公室。

一、公司简介

M 公司，是一个主要从事中小企业网络建设与 web 应用研发的高新科技公司。经营范围主要涉及：中小企业域名申报、互联网虚拟服务器、中小企业服务器代管、服务器租赁、企业邮局、网页建设、flash 动漫制作、中小企业网络宣传、电子商城网络的开发等。自己开发的主要软件产品有：MOA 办公室系统、M 团购系统、M 电子商城、M 移动短信网络平台等应用。目前，公司团队已具有从业至少 10 年的项目经理、开发人才。公司拥有自己的科技能力和完善的经营管理模式，致力于为更广大的小公司提供企业内部整个信息化解决方案，包括公司全面的电商方案。M 公司以先进技术为实体，以真诚、服务至上的思想为发展方向，已为许多大公司提出了采用 internet、intranet 等网络构建方法和网络营销方法，并在为实现公司信息化目标的过程中，同时完成了公司的品牌价值的提高，从而实现了最高程度的双赢合作，得到了社会各界的普遍认可。

二、走别人的路

在 10 年前，一个小办公室里几个人正商讨着如何去创立公司，打造一个为企业服务的互联网公司。其中一个成员说到："现在资金的问题已经解决了，眼下我们最终要解决的是员工问题，对我们这种初创公司来说，员工才是我们的立足之本。"其他的成员纷纷点头，有人出来说："那对我们现在这种初创企业来说，如何去吸引那些员工呢，如何让员工为我们'卖命'呢？"前面以员工为立足之本的那个成员说："我已经看了很多企业的薪酬体系了，不如我们就去用它们的薪酬体系吧，毕竟它们也用了很多年了，比较成熟了，问题也比较少，这样我们也省了薪酬设计的成本了，你们觉得呢？"大家想了想也纷纷同意了，就这样他们就去挑选别人的薪酬设计了，最终他们确定公司采用一种市场领先型的薪酬战略，因为最初公司业务较少，只是为了吸引人才。基本上所有岗位采用的都是领先型，而且在基础工资和绩效工资占比上，基础工资明显多于绩效工资。如他们所愿在市场上招到了很多人才，为自己的技术打下了很好的基础，并许诺给那些高薪的人才股份，就像腾讯、华为一样。在这些基础上，M 公司就采用了职位薪酬体系，这种薪酬管理比较简单，管理成本也比较低，利用职位去吸引人才再加上薪资与职位挂钩使得员工的薪资稳定，这些都能笼络一些人才，但他们都似乎忘了这种薪酬体系的缺点。

过了一段时间，由于前期资金充足，招到的人也非常不错，大家似乎都在夸提出这个想法的人，沉浸在这个喜悦当中，创立公司不久就产生了比较好的业绩。慢慢地提出这个想法的人也成为他们口中的李总。几年之后，M 公司的业绩和市场份额是一年比一年高，发展越来越快，大家也都很开心，但是他们不知道的是这样看似完美的决策后面存在着大量的问题。

三、过草地爬雪山

最开始李总还没有意识到问题的严重性，又过了一两年，随着业务的不断增加，需要的人才也越来越多，但是能给出的薪酬却出现了瓶颈，很难拿出更多的薪酬去吸引人才。李总这时又想：如果说减少之前员工的工资会引来员工不满意，但是现在又没有资金去吸引人才增加新的业务，这样我们的业绩不也就停滞了吗？在这种情况下 M 公司很多新业务开展非常艰难，缺乏资金支持以及技术支持。不仅如此，之前进来的"老员工"们的薪酬也在不断增加。还有很多高新技术员工的薪酬是按非绩效化的一些习惯定式来设定的，因为要吸引人才，所以很多高薪技术员工也是采取和其他公司一样的年薪制，但是基本年薪占总体年薪收入的 60%，每月按固定标准发放。虽然说年终奖金和年终绩效挂钩，但是为了留住人才在实际上与绩效挂钩部分是很少的，而且这些员工的薪酬结构比较简单，主要是由基本薪酬+奖金构成，再加上一些年底分红，其实员工一年的薪酬是非常高的。更加致命的是，M 公司的绩效管理没有做到位，对于这些高薪员工的绩效评估缺乏科学性，都是由李总他们这些领导直接评价，缺乏客观数据，所以也导致了他们的绩效工资一般都不低，员工成本就不断增长，但是其绩效没有得到客观评估，所以业绩也有一定的下降。这些问题的不断发生，导致 M 公司的业绩也出现了停滞的现象。

在和小马谈完话之后，李总脑子里面不断浮现这几年发生的事情，百思不得其解。于是，又把小马叫了过来，小马进来之后问："李总还有什么事吗？"来自李总灵魂的一个问题脱口而出："为什么这些员工薪酬这么高，而他们的绩效却没有得到增长呢？难道高薪不能带来高绩效吗？"这一问题一提出，小马似乎也找到了方向，就是要用薪酬去解决当前的绩效问题，从而解决企业整体业绩。小马回答说："李总，您之前的那一套方案似乎让员工认为他们的绩效并没有那么重要，因为您是为了留住他们，所以基础工资都是比较高的，但是绩效薪酬这一块似乎占比比较少，最开始可能大家拿着高薪都愿意做事，但随着时间的推移，员工们就会感觉自己做多少事与他们的薪酬好像并不挂钩。我认为这可以是切入点，但是可能会引起员工的不满。"李总听完心里更加坚定了，他对小马说："你现在就把这个工作做好，你和咨询公司去配合，把属于我们自己的薪酬体系给设计出来。"小马点了点头离开了。到了下午李总把所有员工召集在一起开了一个会议，会议的主要内容就是接下来将要进行的薪酬改革，给大家打一个预防针，并阐述了最近一段时间内公司出现的各种问题，让员工们意识到问题的严重性。

四、寻自己的路

小马很快和咨询公司取得了联系，把李总和自己的一些想法以及公司的情况给咨询公司说了，但是这样说也不方便直接给出一些实质上的建议，于是咨询公司的人决定来一趟公司。第二天咨询公司的人来了，直接指出了 M 公司的问题，首先是绩效管理方面出了问题，再就是薪酬体系用的是其他公司的模式体现不了自己公司的战略，根本无法与战略结合起来。说完李总心里总算轻松下来了，马上就和咨询公司展开了合作，让咨询公司协助小马，帮助人力资源部门建立起属于自己的绩效考核以及薪酬体系。这也让小马陷入了一个困境，那就是如何让薪酬和战略结合呢？小马问了咨询公司，自己也查阅了相关资料发现，企业在进行战略性薪酬管理时要从三个方面全面地去思考，这三个方面就是战略层面、制度层面、技术层面。战略层面主要就是企业发展战略和企业核心价值观决定的人力资源战略与机制，再由外部环境、内部环境和人力资源战略与机制决定薪酬理念与政策。制度层面主要就是去利用薪酬水平结构制度去实现战略目标。技术层面就是职位分析、职位评价、市场薪酬调查等。了解完了之后，小马问咨询公司接下来我们该怎么去做？咨询公司说得做一个问卷调查，主要是为了了解 M 公司在薪酬战略管理方面存在哪些问题以及了解员工薪酬满意度。

问卷调查完了之后，发现很多员工对 M 公司战略了解不够，一方面可能是领导也不重视，其次就是宣传不到位。这个问卷调查还发现了很多问题，其中包括薪酬水平偏高与绩效挂钩程度较低导致员工工作缺乏动力，换句话说就是薪酬激励性不足。了解到这些问题之后，小马意识到之前采用的是市场领先策略，但是现在公司已经发展起来了可以变成市场跟随型了，他把自己的想法告诉了咨询公司，咨询公司给出的建议是对高新技术这一块的员工还是采取市场领先策略，对中层管理者或者资历低一点的这一部分技术员工采取市场跟随型策略，对不同的层级采取不同的策略，小马问这样的话员工会不会产生不满？咨询公司说不满也没问题，因为这一部分员工相较于高级技术员工和高层管理人员来说在劳动力市场上是比较多的，而且根据你们公司现在的战略来看，你们处于稳定成长期，加上公司的各项制度也趋于完善，业务也基本成熟了，所以得选择市场跟随型策略，但是总体上还是偏高一点，这样也能吸引人才。咨询公司还给 M 公司一个建议就是进行岗位分类，建立多元化薪酬结构，在不同的岗位采取不同的方式，比如对中基层就采取高稳定性，而对那些高层以及高级技术人员就采用高弹性的薪酬结构。之前的薪酬占比是固定薪酬占到了 60%，而现在可能会下降到 40% 从而提高浮动工资的比例，这样也会激励员工。小马听完就去了李总办公室，因为这些工作也是离不开高层领导者的支持，李总听完之后立马同意了，也召开了会议，公司高层也都纷纷表态了。这样重任就落到了小马头上了。

五、通往"罗马"的路

咨询公司的专家问小马是否知道如何让员工感受到满意，小马一听不就是双因素理论么，做好激励因素方面的设计不就好了？咨询公司说不全是，其实公平理论也很重要，得让员工体会到其薪酬的公平，从内外都感受到公平这才能让员工满意，一旦不公平就会产生不满意。听完咨询公司专家的话小马也顿悟了，本次的薪酬方案也要做到内外公平。

咨询公司和小马的方案设计也是遵循了四个原则：激励与约束并重的原则，要利用绩效对员工产生一个激励效果，再就是约束规范那些高薪技术人员以及高管的行为保证不损害股东利益；权责对等原则，也就是高薪酬员工应严格履行相应职能并承担相关职责；收入绩效挂钩原则，保证收入与绩效相挂钩，组织绩效与员工绩效相一致，做到员工绩效增长时组织绩效也相应地得到提高，当绩效下降时其员工的薪酬也会相应下降也是一种利益捆绑的方式，同时也是一种公平的体现，同岗位绩效越高工资相应地也就越高；支出与收益相匹配原则，因为 M 公司目前资金紧张，不能再导致高薪低能的现象出现了，要用较小的成本去获取更大的利润，这样也能帮助公司去开展新业务，去招新员工。总体原则提出来之后就要进行相关的工作了，小马和咨询公司的合作也就此展开。

首先就是加强公司日常薪酬制度的调查，将薪酬管理制度与企业文化和战略结合起来，建立其相关机构，由人力资源部牵头其他部门配合成立薪酬改革委员会，充分听取员工的建议以及共同讨论薪酬管理制度改进措施。这样做的好处就是协调各方利益。接着咨询公司又给小马推荐 M 公司使用绩效薪酬体系，因为绩效薪酬作为一种外在奖励是具有信息性和控制性的特点的，从内外动机来看，当员工认为由于自己工作完成质量好才能得到高绩效时，员工的成就感会大大提升，同时绩效薪酬也能反馈，因为当员工没有拿到这份薪酬时，员工收入会因此受到影响，此时就会刺激员工更好地表现自己，实现更高的业绩标准，从而提高自己的绩效水平。小马一听这不就是当下李总要解决的事情么，但这也就需要对 M 公司进行战略分解，将战略目标分解成具体的绩效指标，一些重点工作的指标从公司年度战略目标中分解形成，主要是用于直接支持公司本年度战略目标达成的指标，在这个指标上面通过关键绩效指标（KPI）提炼，例如人力资源管理部门在重点工作指标方面通过 KPI 提炼后指标就是提质增效、全面绩效管理、专业人才发展等。高薪技术人员重点工作指标进行提炼之后就是：网站建设数量、flash 动画制作数量以及这些网站、动画被顾客购买的数量以及事后评价等。这些都将公司战略进行了分解，将目标进行量化。为了更细化、更有效率地实现战略目标，在年度 KPI 上面又进行了细化，划分成了每个季度的目标。最后采用目标与关键成果（OKR）进行考核。最终绩效工资=绩效基数×绩效考核得分/ 100，其中绩效基数根据部门利润、区域、业务板块、部门等级来核算，绩效考核得分就是综合 KPI 和 OKR 的考核得分。针对基层员工的薪酬体系又进行了新的一些工作。首先进行充分调研。通过部门部长、员工去了解薪酬满意度以及收集一些员工对现有薪酬体系的一些意见、建议。其次是进行资料分析。从企业整体战略出发，基于工作流程和工作效率对收集的材料进行分析，主要是分析不同岗位之间的联系以及岗位划分的合理性。第三步进行岗位设定。结合企业战略以及之前的岗位说明书形成新的岗位清单和岗位说明书。第四步就是进行工作量评估。根据上一步的岗位设定对不同职能部门进行工作量的评估。第五步就是进行价值评估。全方位地对工作岗位进行价值评估，保证该岗位的价值评分的公平性。最后制定角色薪酬。根据之前的工作量以及价值评估对员工进行评级，最终得到一个个人绩效系数，根据绩效系数以及员工完成程度最终计算其薪酬水平。

最终在 M 公司和咨询公司的共同努力下完成了这份工作。把这份方案给李总看了，李总也召开了会议，大家都同意了这一方案。随着这一套薪酬体系的改革，M 公司也迎来了新的曙光。

几个月后，M 公司业绩有了一定的增长，而且那些拿高薪酬的员工的工作干劲也都十足。之前李总还担心这些员工会走，从结果来看李总是多虑了，因为这些员工也了解到了 M 公司的战略目标，并且通过上次薪酬的改革也体会到了公司是人性化的，感受到了企业的尊重，在薪酬改革前会考虑到员工的需求。这些事件都让员工愿意为 M 公司工作，再加上努力工作有更多的薪酬那就更愿意了。这个方案的实施能够从能力导向、绩效导向和效益导向三个方面去引导员工，让员工了解到公司战略并了解自己的工作行为与公司战略发展有很强的关系，也让员工承担了更多责任，从而增强了员工的归属感。李总也在这个时候问了一些高薪的员工，员工们也大多比以前满意度更高了，工作也有了激情。以前觉得随便就能拿到这些钱，而现在虽然不是很好拿了，但是总体的薪资还是提高了，只要好好工作达到绩效要求还是能拿到不错的薪酬的。

过了一年之后，M 公司的业绩不断增长，员工个人的薪酬也随着不断增加，M 公司也开展了新的业务，这一切都预示着 M 公司在正确的道路上发展。李总坐在办公室里把小马叫了过来，他告诉小马："虽然现在公司越来越好了，但是在新的业务上还是需要你来把把关，新业务的开展可能会压缩其他部门的薪资，所以新业务的员工薪资设计是一个难题，如何去安抚那些被压缩工资的部门员工也是一个难题，这些工作都需要去做。"小马点了点头就离开了。此时，李总望着窗外，天看似要下雨了……

🗩 案例使用说明

1. 教学目标规划

（1）掌握薪酬战略的相关知识，分析本案例进行薪酬改革的原因。

（2）了解薪酬体系，学习并掌握不同薪酬体系的优缺点。

（3）了解薪酬设计的重要性以及绩效与薪酬之间的关系，学会将薪酬和绩效联系起来去处理问题。

2. 课堂讨论题

（1）M 公司为什么要进行薪酬改革？该公司面临哪些薪酬困境？

（2）薪酬设计的目的有哪些？你认为 M 公司是否选择了合适的薪酬体系方法？说出你的看法。

（3）试着分析职位薪酬体系和绩效薪酬体系的区别。

（4）试着讲述薪酬设计的步骤。

（5）试着阐述薪酬管理的重要性。

3. 启发思考题

（1）薪酬体系设计不到位会给企业带来什么样的问题？

（2）企业在进行新的薪酬设计时应该注意什么问题？

（3）绩效和薪酬之间有着怎样的联系？

（4）如何将绩效和薪酬联系在一起？

参考文献

［1］王琳卓，张超，张佳乐，朱方伟．柠檬餐饮管理有限责任公司．中国管理案例共享中心，2022（HRM-0445）．

［2］方丽全．Y 公司职能部门员工绩效薪酬设计．吉林大学，2020（05）．

［3］林新江．TJGS 集团高层管理人员绩效薪酬方案设计．天津大学，2011．

［4］谢军，栗洪武．论激励理论在高校绩效工资分配中的运用．黑龙江高教研究，2017，36（08）：55-57．

［5］毛江华，廖建桥，刘文兴，汪兴东．辱虐管理从何而来？来自期望理论的解释．南开管理评论，2014，17（05）：4-12，23．

齐心协力，从"薪"出发

【摘要】 在激烈的市场竞争中，企业想要保持竞争力，以吸引更多的人才，实现企业的长远发展，在薪酬上让员工满意就是最基础的一步。然而如何做到这一点，首先就要知己知彼，不仅要清楚地了解外部市场的薪酬水平，也要掌握企业内部员工对薪酬的看法和预期，做到薪酬对外有竞争力，对内也能体现公平性。而如何获取这些信息，最主要的途径就是薪酬调查，通过薪酬调查，企业的薪酬水平才不会与外部市场脱节。薪酬调查的结果不仅可以帮助企业制定薪酬政策，确定薪酬结构，还能设计合理的薪酬体系，帮助企业建立良好的企业形象。

【关键词】 薪酬调查；薪酬体系；薪酬结构

在市场和疫情的双重打击下，以房地产项目为主的 J 公司的经营状况也开始走下坡路，为了走出困境，J 公司尝试了许多办法。但是，不论是公司全员降薪，还是降低品牌市场定位，进行低价促销吸引客户，都以失败告终，还因为这些变动而流失了的大量人才。在这生死存亡的时刻，为了留住现有人才，J 公司决定寻找人才流失的主要原因。然而，一直以高于市场薪酬水平设置薪酬的 J 公司，令其员工不满的原因竟然也是薪酬。这让人力资源部的总监李总监颇为震惊，为了解具体原因，李总监先展开了内部薪酬调查，希望找到问题所在，调查之后才发现外部薪酬调查也是不得不进行的，就把外部薪酬调查的任务交给了主管绩效薪酬的杨主管。然而，外部调查并不容易，搜集数据的范围广阔，但是数据的真实性并不高，为了收集具体可靠的数据，只能选择到其他公司进行调查。可当杨主管好不容易征得了其他公司人力资源经理的同意后，却发现仅收集同行业其他几个公司的数据还远远不够，只好委托人力咨询公司，然而这却超出了这次薪酬调查的预算。如何选择薪酬调查的方式，让杨主管陷入了左右为难的境地。

一、公司简介

J 公司是一家房地产企业，是世界五百强企业 Z 集团旗下的企业，总部位于北京。J 公司始终坚持高端定位和精品路线，在以品质领先为核心的战略基础上，聚焦"两驱动、两升级"的城市运营模式，致力于成为中国领先的城市运营商。近年来 J 公司发展迅速，在全国各地都成立了分公司，并于 2017 年在香港联合交易所主板上市。

基于对城市潜能的远见，J 公司整合了国际领先的优质资源，引进合理互生的城市规划理念，实现区域功能和城市活力的全面提升。J 公司在进行全国布局、区域深耕后，重点聚焦于珠江三角洲地区、长江三角洲地区、京津冀地区、华西地区及华中地区五大区域，目前已稳健布局 50 余座核心城市，包括北京、长沙、青岛、重庆、苏州等。公司旗下衍生品牌也涉及物业服务、装饰、绿建、酒店、生活中心等多个领域。

J 公司坚持与员工共进退、与环境共生存，看中人才、尊重人才，建立了设计、工程、营销、财务、审计、人力资源、成本招采、战略运营、投资、法律、党政纪检、信息技术、健康安全环保、行政、客户服务等 15 类专业序列，为员工提供宽阔的职业发展道路。J 公司现有员工上千余名，公司形象良好，已经成为房地产市场中高质量产品的代表。

二、双重打击难为继

由于 Z 集团本身的企业定位就是成为行业领军者，目标也是建设世界领先企业，所以 J 公司自创立以来的定位就是行业引领者，主打的项目也多是高端住宅。为了吸引高质量客户，树立品牌形象，在创立初期，J 公司就在营销方面投入颇多，并以高出市场薪酬水平的工资待遇为营销策划、市场运营、客户关系等关键岗位招揽了大批人才。这些人才也为初创时期的 J 公司立下了汗马功劳，不断地跑业务、做策划，积极地与各大企业对接，为 J 公司吸引了许多优质客户，并不断发展潜在客户，还争取到了一位国民认知度高且形象良好的代言人，通过明星效应树立了良好的品牌形象，成功为 J 公司扩展了市场，也为后续打造企业的核心高端系列产品线——"A"品牌打下了基础。

由于 J 公司前期的薪酬策略得到了很好的反馈，所以多年来 J 公司在薪酬管理上一直维持着这样的领先策略，这也为 J 公司吸引来了源源不断的人才。J 公司的薪酬构成以基本工资为主，基本工资占比较大且各岗位薪酬普遍高于市场平均水平。福利覆盖面广，还设置了股权激励机制，激励公司中高层管理者。同时 J 公司对于员工的绩效奖励也一直很大方，特别是对于市场营销部门，拉来大客户的奖励十分丰厚，所以这些年 J 公司的薪酬政策一直没有变过，公司上下对薪酬似乎也都很满意。这样的满意也体现在了企业的绩效上，自创立以来公司效益一直稳步向前，公司业务也不再局限于商品房，还相继涉足了酒店、商场、装饰、物业等不同领域，公司的商业版图仍在不断拓宽。

然而，近几年来房地产行业增速放缓，行业规模已经见顶，行业整体利润也呈现下行的趋势，显然行业发展已经出现颓势。加上政策的限制，以及行业种种负面新闻爆雷不断，导致购房热度下降，客户量骤减。再加上这两年疫情的影响，经济发展严重受限，多个城市的经济活动都被迫暂停，大批企业受到疫情的打击选择裁员甚至是被迫倒闭，所以就算是目前有能力购房的人，首先考虑的也不是购房这样的重要决定，而是如何保住目前的工作、如何维持生计。受到行业大环境的影响，加上疫情的原因，导致主打高端住宅、本身受众就少的 J 公司，一度财务紧缩，难以为继。出于无奈，J 公司决定全员降薪，所有岗位全部降薪 30%，同时，公司允许非核心岗位居家办公，将居家办公人员的交通补贴换成了防疫物资补贴，就餐补贴则减少了 50%。为了安抚员工，J 公司的总经理白总多次召开线上会议，鼓励员工与企业共渡难关，并承诺不会轻易裁员。然而，有些员工并不买账，特别是一直拿着高于市场水平的薪酬的营销人员，以及本身薪酬在企业内部就处于底层的行政人员，在企业宣布降薪后都纷纷选择离职，另觅他处。好在几个公司创立初期就加入的元老级员工，依旧坚定地选择留下与企业共患难，毕竟之前他们为公司付出了很多，公司也一直很重视他们。而且他们目前也都身处中高层职位，他们的薪酬福利一直都高于市场水平，各种长期激励也将他们的利益与公司捆绑，所以不论是在经济支持上还是情感承诺上，他们都不会离开公司。

三、紧急调整难两全

然而大量人才流失已成定局，为了稳住现有的员工，J公司紧急调整了薪酬政策，取消了全员降薪的决定。并且，对有几个近年来为公司做出了突出贡献，并且依然选择留在公司的骨干员工，因为他们都有继续培养进入公司管理层的潜力，为了继续留住他们，J公司甚至给他们加薪10%，并承诺其他员工如果可以为公司带来绩效增长，也可以获得奖金。新的制度暂时保住了公司剩下的人才，大家也都以为待疫情好转，行业也会复苏，毕竟房子对于大多数家庭来说是刚需，J公司相信房地产行业总会从低谷口走出来的，只要再坚持坚持，一切就会好转。然而，这样的政策实施了几个月之后，市场情况并没好转，主打高端住宅的J公司甚至开始推出促销政策，推出低价住宅来吸引更多的客户，然而大多数人依旧对购房持观望态度，各种活动却花费了J公司大量人力物力，到头来不仅业务并无起色，甚至公司的财务状况也从紧缩转至亏算的局面。

财务赤字和员工流失的双重打击让J公司喘不过气来，再加上盲目加薪和不停举办的营销活动，让J公司更加无法负担，而且这些措施也并没有给J公司带来预期的结果。为了挽救局面，J公司的总经理白总召集了公司主管财务的副总王副总和人力资源部的总监李总监，和他们一起商量如何解决公司目前的问题。王副总认为，以公司目前的财务状况，恐怕只有裁员才能稍微缓解困境，但是这样的想法遭到了李总监的强烈反对，毕竟最近的离职风波加上薪酬政策的频频变动，最忙的就属人力资源部了，如果此时公司再进行裁员的话，所有的裁员补偿、离职手续和后续的空缺招聘工作又都落在了人力资源部头上。并且，之前总经理已经向大家承诺不会轻易裁员，此时如果裁员，剩下的员工也会对公司产生信任危机，并且大家都会担心自己会不会也被裁员，这样公司会变得人心惶惶，员工人人自危，就算是留下来的员工也无心工作。除了在公司内部产生不好的影响，在疫情期间选择裁员的企业的口碑也都有所下降，所以，李总监认为裁员显然不是长远之计。

李总监的想法得到了白总的认同，王副总也承认目前裁员的确不是上策，然而，目前他们也实在想不出有什么办法既能稳定企业内部军心，又能提升企业绩效了。最终，三人讨论了一个上午，也没有想出一个万全之策，甚至连一个暂时的应急措施都没有想出来。但是这样下去也不是办法，李总监提议向全体员工征集意见，毕竟在这个特殊时期，只有大家齐心协力才能共渡难关，而且J公司的企业文化一直是"看中人才、尊重人才"，并且愿意继续留在公司的员工也十分想为公司出一份力，不仅是为了公司的未来，更为了自己的未来。所以，J公司开通了全公司的建议信箱，也为员工开辟了多重提建议的通道，号召全体员工出谋划策。员工可以直接将想法发到公开的平台留言板上，可以选择实名或者匿名发布；也可以将邮件发给自己的上级，和上级阐述自己的想法，经过讨论之后形成初始的方案提交给总经理；还可以直接发邮件给总经理，当然也可以匿名发送，省去中间逐级沟通的麻烦。开通多种渠道征集员工的建议之后，公司果然收到了很多反馈，其中也不乏具有创意的想法，但是更多的还是聚焦于目前公司让员工不满的地方，希望公司能够改进。在整理了近期大家的建议之后，白总发现目前最令员工不满意的竟是薪酬，这让白总十分不理解，毕竟 J 公司的薪酬一直是高于市场水平的，可员工还是不满意？但是考虑到薪酬是留住员工的一个重要因素，所以白总决定在公司内部进行薪酬调查，看看问题到底出在哪了。

四、内部调查寻真相

为了展开公司内部的薪酬调查，白总将人力资源部的李总监叫来了办公室，跟她大概说了一下现在收到的员工建议，准备与她一同商议内部调查的具体实施方案。李总监在得知目前多数员工都对薪酬现状不太满意时，也很惊讶，毕竟之前她也很少听到员工抱怨薪酬。白总便让李总监先去了解一下情况，然后再拿一个方案来找他商议。李总监回到自己的办公室后，便叫来了自己的下属、主管绩效薪酬的主管小杨，了解一下目前公司内部员工对薪酬的看法。杨主管告诉李总监，公司这两年的确有些员工对薪酬不满，特别是刚招进来的这些高学历人才，但是令他们不满的并不是工资的数额，而是和公司其他部门的员工相比，他们认为自己的工资偏低，特别是法务小孙和财务部的小周，他们认为自己比同期进入公司的管培生工资低不说，工资差距也不小，最多有两千元的差距，除此之外，他们的发展机会也少。然而杨主管认为，他们的岗位在 J 公司的确没有其他岗位重要，他们从事的工作也以事务性工作为主，所以他们的工资自然要比营销、工程部门的员工工资低一些，至于工资的差距，营销中心在年末或签了大单之后，一般都会有奖励，这么比较的话，他们之间的差距自然会拉开，并且随着资历上升，以后差距可能会更大。所以，杨主管之前并没有把这个情况反映给李总监，而是自己和这些员工进行了面谈，并向他们保证会把他们的需求向上反映，暂时稳住了他们，让他们继续在公司工作。

在了解了大致的情况之后，李总监决定先找几个对薪酬意见较大的员工，和他们面谈之后，再在全公司范围内进行内部薪酬调查。李总监先找来了法务小孙，小孙是名校毕业的本科生，她选择在房地产企业从事法务工作，一方面是因为她的本科毕业院校虽是名校，但是法律专业并不是该校的强势学科，所以小孙在律所并不太好找工作，另一方面也是因为她看中了 J 公司本身工资较高这一点，就算是法务这样的非核心岗位，工资也高于市场，她认为凭自己的学历和能力，未来可以发展得很好。然而正式入职之后，她不仅发现自己的工资比同期的管培生低，而且 J 公司对于法务这样的岗位的职业发展规划也并不明确，让小孙萌生了离职的想法，但是疫情来临，现在并不是换工作的最佳时机，再加上杨主管之前找她谈话，保证会将她的诉求向上反映，她才暂时放弃了离职的念头，但是她对目前的待遇还是不太满意的。

在了解了小孙的具体情况之后，李总监又找来财务部的小周，小周同样是名校毕业，并且是有名的财经类院校毕业的研究生，他放弃了进入会计师事务所的机会，选择来 J 公司的财务部上班，是因为考虑到 J 公司所在的城市就是自己的家乡，他希望毕业后能在家乡工作，并且 J 公司作为央企，节假日一般都不会加班，他十分看重这一点，所以最终选择了 J 公司。虽说财务部对于每个公司来说都十分重要，但是 J 公司的财务部还是以传统财务工作为主，并没有多少让员工发挥的空间，而小周作为目前 J 公司财务部学历最高的人，他的价值既没有体现在薪酬上，也没有体现在他的工作内容上，这让他一度感到十分沮丧。J 公司的培训方式是师徒制，所以他曾尝试找自己的师傅沟通，希望师傅能带他一起做些项目，比如革新企业财务网络，实现跨部门财务信息流通这样的改革，他甚至做好了项目计划书，但是他师傅认为这样的改革没有必要，这件事就不了了之了。而和小周一同进入公司的营销部同事已经在自己的师傅的带领下拿到了一个食品公司的员工购房合作合同，并且得到了丰厚的奖金。虽然他们不在一个部门，但是这样的工作成就依然让小周十分羡慕，小周只能周而复始地重复每天的工作，每个月拿着差不多的工资，作为一个新人，他连绩效工资都几乎没有，更不要提奖金或者股权激励了。

在了解了小孙和小周对目前工作待遇不满的原因之后，李总监发现原来薪酬的数额并不是令大家不满的主要原因，薪酬构成和不同部门间的薪酬分配才是问题所在。所以，李总监修改了传统的内部薪酬调查表，重点调查公司内部员工对于薪酬构成和分配的看法。在和白总商议之后，在全公司范围内发放了薪酬调查问卷。对问卷进行整理之后发现，大部分员工确实对于企业内部的薪酬公平性感到不满，而在公司内部工资相对更高的营销部和工程部员工也有不满意的地方，他们认为目前薪酬的构成比例有问题，希望能提高绩效工资占比，这样他们能拿到更高的工资，也能得到更大的激励。

五、外部调查定乾坤

在了解了公司内部对于薪酬的看法之后，李总监终于找到了问题的症结，然而如何改变现状又成了一个难题。毕竟之前的盲目调薪已经给公司造成了极大的损失，现在单纯地给其他部门加薪，或者按照营销部和工程部的需求调整薪酬构成，都显得过于仓促，而且如果完全按照员工要求做改变，可能会给员工传递错误的信号，让他们认为公司是完全听员工的，这样以后会出现更多的麻烦。正在李总监一筹莫展的时候，杨主管提议进行外部薪酬调查。虽然 J 公司的薪酬策略一直是领先策略，但是自从创立初期进行市场薪酬调查，确定了各部门岗位的起薪之后，已经很多年没有调查过了。虽然 J 公司每年都会调薪，公司的整体薪酬水平也一直高于市场，但是 J 公司各岗位的薪酬可能已经与市场脱节了。所以，直接调薪不仅可能给公司增加人力成本，还可能加剧 J 公司的薪酬与市场脱节的程度。因此，杨主管建议开展市场薪酬调查，重新确定各岗位的薪酬构成，从根本上解决目前员工对薪酬的不满。

李总监认为杨主管说得有道理，就让杨主管先制定方案，把调查渠道、调查内容、经费预算等内容确定好，然后他们二人一起找白总汇报了这次薪酬调查的方案，白总审批通过后，将这次的市场薪酬调查工作交由杨主管负责。但是外部薪酬调查并不像内部调查那样相对容易，需要考虑的事情更多，受到的限制也更大，所以杨主管决定这次的外部薪酬调查先从市场公开的信息入手，这是最快捷的一条路径。杨主管便开始浏览各大招聘网站，大量收集各企业的招聘简章，同时在劳动保障部门等正式渠道查询相关数据，但是在招聘广告上写明薪资待遇的公司并不多，正式渠道的数据又比较宽泛，并且这次 J 公司薪酬调查的主要目的是调整薪酬构成和占比，这比薪酬水平的数据更难收集。所以，在搜集了大量公司的招聘广告和数据信息依然无果之后，杨主管决定换一种薪酬调查的渠道，在企业之间相互调查。

杨主管先联系了几个同行业的企业的人力资源部负责人，希望能够对他们公司进行访谈和问卷调查，并承诺以后 J 公司也可以配合他们进行薪酬调查。除了 W 公司和 S 公司不太方便之外，其他几家公司都同意配合杨主管的调查。但是，不同岗位适用的薪酬调查范围并不一样，一般来说，普遍岗位的薪酬调查都是在企业所在地进行调查的，因为这一类劳动力的流动区域一般局限在当地。企业所需的技术型人才和管理岗位的复合型人才，一般学历较高，流动性也较大，所以最好在全国范围内进行薪酬调查，为这些高素质人才提供符合其价值的薪酬。那么介于两者之间的中级技术人员和管理人员，则可以结合当地薪酬水平和全国薪酬水平，综合多方面信息来确定这类人员的薪酬水平。考虑到现场访谈和收集问卷的效果最好，并且由于疫情原因，加上人力物力有限，还是在当地企业间进行调查最好，并且仅靠杨主管和人力资源部的同事，也无法进行全国性的调查。但是，如果J 公司所有的岗位都通过当地的企业进行调查，那么对于一些岗位来说，数据的可参考价值就不那么高了。

所以，杨主管决定委托专业机构来进行技术岗位和管理岗位的薪酬调查，其余以事务性工作为主的普通岗位则自己进行调查。这样能相对节省一些成本，毕竟委托专业机构进行调查的成本较高，以 J 公司目前的状况，成本问题是一定要考虑的。在经过挑选比对之后，杨主管最终将目光锁定在了在北京设有分支机构的美世咨询公司（简称美世），因为一直以来让美世颇感骄傲的，就是它的薪酬福利数据库，被称为"中国最完整的薪酬福利数据库"。但是美世作为目前世界最大的人力资源管理咨询机构，它的人力资源服务全球领先，价格自然也不低，所以杨主管也不敢轻易决定，便将现有的情况和委托外部机构的利弊整理好之后，去找李总监汇报，希望她能拿个主意。李总监在人力资源总监的位置上坐了多年，自然也明白外部薪酬调查的各种方法和其中利弊，况且现在调整薪酬急需外部薪酬调查的结果，所以李总监让杨主管尽快开始进行调查，费用她先审批了，白总那边李总监以后再去解释。

就这样，J 公司的外部薪酬调查终于开始进行了，由于之前杨主管承诺了以后可以互相进行调查，所以在其他几个企业开展的薪酬调查比较顺利，而美世的调查系统十分完善，并且经验丰富，所以技术岗位和管理岗位的薪酬调查报告也很快就反馈给了杨主管。拿到所有数据和报告之后，杨主管快速将其整理好，先向李总监汇报了本次薪酬调查的成果。李总监很满意，但是接下来，白总这一关可不好过。

六、继往开来，重新出发

虽然这次外部薪酬调查的结果对 J 公司非常有参考价值，但是之前并没有向白总报备过要委托外部咨询公司，还是不太妥当。为了向白总说明选择外部咨询公司的必要性，杨主管和李总监商量了一天，才去找白总进行汇报，他们先汇报了这次薪酬调查的结果，白总比较满意，便问杨主管这么多数据都是怎么收集来的，杨主管便有些支支吾吾。办公室里的气氛有些尴尬，李总监作为杨主管的上司，还是决定她来承担这件事的责任，便向白总汇报了事情的原委。听到这次薪酬调查的成本，白总有些生气，毕竟对于 J 公司目前的状况，这不是一笔小钱，但是钱已经花了，调查的结果也确实是 J 公司目前需要的，白总便让李总监和杨主管一个月之内解决 J 公司的薪酬问题，否则一切损失他们自己来承担。

这样艰巨的任务让李总监和杨主管备感压力，不过这也在他们的意料之内，毕竟把薪酬问题解决好是他们进行薪酬调查的目的，也是唯一能给白总一个交代的方法。所以，杨主管便开始着手调整 J 公司的各部门薪酬构成，同时，这次薪酬调查的结果也让杨主管发现 J 公司的福利设置也有点问题，因为之前公司所有人的福利都差不多，所以大家对福利暂时没有什么不满意。但是既然发现了问题，杨主管还是决定将福利也进行调整，加强公司福利的针对性和激励性。但这也让杨主管的任务量倍增，杨主管便向李总监求助，李总监知道之后，便让培训主管陈主管先配合杨主管的工作，李总监也将手头的工作暂时延后，配合杨主管。慢慢地，整个人力资源部都加入了这次调整薪酬的工作，大家分担任务，很快一套关于薪酬和福利的问题解决方案就完成了。

在最终的方案中，杨主管将 J 公司的薪酬结构按照部门和岗位进行了细分，提高了营销部和工程部的绩效薪酬占比，并将公司的基本工资改为宽带薪酬制，打破普通岗位的工资上限。除此之外，还丰富了奖励的形式，除了营销部通过业绩给予奖金奖励的形式，未来还将设置很多不同奖项，如最佳员工、最佳新人等奖项，让其他部门的员工有更多获得奖励的机会，提升奖励对全员的激励性。福利方面，将引入自助餐式福利计划，既能体现 J 公司以人为本的管理理念，让员工有选择福利的自由，又能提高福利针对性，节省企业福利成本。这次的薪酬改革取得了不错的成效，员工的满意度得到了明显的提升，鉴于这次的薪酬改革对企业在职员工的激励效果很好，在新一年的招聘中，J 公司也特意将公司的薪酬设计优势着重介绍，又为 J 公司吸引了一批优秀的人才。这次薪酬调整的风波也给了 J 公司一个教训，就算是一直引以为傲的高水平薪酬，如果没有结合外部市场情况和内部员工期望，就会脱离市场，也会使员工不满。所以，李总监决定以后定期开展薪酬调查，确保 J 公司的薪酬内外部公平性。

案例使用说明

1. 教学目标规划

（1）掌握薪酬调查的相关知识，分析导致员工对薪酬不满的原因。

（2）了解目前存在的薪酬调查方法，掌握各种方法的优缺点及适用的范围。

（3）对薪酬调查的重要性、目的以及原则能够有清楚的认识，并能掌握内外部薪酬调查的实施步骤。

2. 课堂讨论题

（1）你认为 J 公司在未进行薪酬调查之前出现员工对薪酬不满的原因有哪些？

（2）试着分析进行薪酬调查前后公司内部发生变化的具体原因是什么？

（3）你认为 J 公司选择先进行内部调查再进行外部调查的做法有道理吗？

（4）内外部薪酬调查的结果有什么区别？应该如何应用？

（5）在案例中，除了由于 J 公司本身的薪酬策略导致他们忽视了薪酬调查的重要性，你认为 J 公司不重视薪酬调查的因素还包括哪些？

3. 启发思考题

（1）企业在进行外部薪酬调查时应该注意什么？

（2）外部薪酬调查可能涉及员工隐私和内心想法，如何让其他员工了解薪酬调查的重要性并配合工作？

（3）如何通过内部薪酬调查衡量公司内部薪酬公平性？如何根据内部薪酬调查结果进行薪酬调整？

（4）进行薪酬调查的方法有很多，花费的成本不同，在选择薪酬调查方法时如何进行取舍？

参考文献

[1] 于海波 . 薪酬战略与薪酬满意度的关系 . 管理案例研究与论，2008，1（04）：63-68.

[2] 庞冰 . 薪酬管理公平性对员工薪酬满意感的影响 . 人力资源管理，2013，6（08）：80-82.

[3] 王亚东 . 解析薪酬调查数据完善收入分配政策——陕西铜川企业薪酬调查实践 . 中国人力资源社会保障，2021，26（02）：47-50.

[4] 刘星，台文志 . 薪酬管制影响央企投资效率吗——基于《薪酬制度改革方案》的经验证据 . 会计研究，2020，41（10）：112-126.

拨云见日——K公司的岗位评估之路

【摘要】K公司近年来业务越做越广，然而员工却在工作中出现互相推诿的情况。通过深入分析发现：员工对工作的扯皮现象是源于对薪酬的抱怨。各部门员工都认为自己的岗位价值与所获薪酬并不匹配，认为其他部门工作简单却和自己拿差不多的薪酬，因此，并不愿意多承担工作，才会出现工作推脱的现象。追根溯源，正是因为K公司对于岗位评价的不重视，导致了薪酬水平和薪酬结构的不合理设计。岗位价值评估的方法有很多，究竟采取哪种方法是目前K公司的焦点。K公司最终会采取什么的岗位价值评估方法呢？在实施岗位评估过程中K公司又会遇到哪些瓶颈呢？他们能不能成功解决工作推脱问题，拨云见日呢？

【关键词】岗位价值；岗位评估；海氏评估法

周一晨会上，荣总表示K公司准备着手新园区建设的项目，要求项目投资部在下次会议前准备相关资料。项目投资部心想，公司大大小小投资项目都是我们部门拿下的，贡献如此之大，薪酬却和别的部门不相上下，如今连这基础工作也交给我们部门，遂答道："我们部门要对项目进行投资方案设计，相关材料应该让建设管理部提供。"荣总无奈，只得将收集材料的事情分配给建设管理部。建设管理部认为，我们部门奔波在建设现场，工作技术含量高、难度大，而薪酬却不比行政事务部高多少，不能让行政事务部太闲了，一口回绝道："我们部门负责建设项目的现场管理，至于收集资料应是行政文秘的事情。"行政文秘则委屈表示："没有相关部门协助，新园区建设项目的材料我无法独立完成。"

荣总听完各部门互相扯皮后，声色俱厉道："收集资料这一件小事你们都互相推脱！相关部门辅助行政文秘完成！小江，你留一下，散会！"话音刚落，所有人的视线都落在了人力资源部江经理身上……

一、公司简介

K公司成立于2003年，是一家国有独资有限责任公司。经过多年发展，K公司的综合实力取得了明显增强，已然成为一家运营良好的大型产业投资控股企业。目前，K公司本部拥有12个职能部门，旗下的全资子公司有15家、控股子公司有14家、控股合伙制企业4家。

K公司现已成为一家具有多元化业务结构的产投公司，业务涉及金融服务、智慧城市建设、土地开发及园区建设等多个方面。在金融服务方面：K公司已成为FZ银行、HT银行、HT证券HX金融租赁公司、CT保险等多家金融机构的股东。在产业引导开发方面：

K公司加快实施智慧城市建设项目，着力推动智慧城市建设，打造全省信息产业发展高地和核心园区工作不断取得进展。公司大力发展具有当地特色的现代农业，建立了多个具有国际影响力的交易平台。在园区开发方面：公司设立的园区公司、县区公司通过与当地政府合作，服务县域经济发展。先后完成企业异地搬迁的多项市政工程开发项目，有力地服务企业异地搬迁、升级改造，为当地经济社会发展做出了不菲贡献。

今后，K公司将以提升公司的核心竞争力，促进社会和谐稳定为目标，秉持着"管理科学、职责明晰、分工负责、协调配合"的原则，致力于将公司发展成为主业突出、盈利及融资能力高的产业实体。

二、堕云雾中

其他人散会后，荣总长叹一口气对人力资源经理小江说道："小江啊，各部门之间互相推脱任务的情况，你怎么看啊?"江经理不假思索地回答道："按各部门的说辞来看，应该最近各部门都比较忙碌，要负责更加主要的任务，无暇兼顾收集并整理新园区建设的相关材料这一任务吧。"荣总笑道："小江啊，你看问题还是太浅了一点。你回想各部门的说辞里，都提及了自己最主要的岗位职责，接着又将我布置的任务踢给了具体的某个部门。这其实就暗示了他们对于岗位评价的不满呀。""荣总，小江不太能理解，为什么是对岗位评价有意见呢?"小江一脸疑惑地看向荣总。

"这么跟你分析吧，项目投资部本身就需要收集相关的材料才能进行方案设计，建设管理部跟进整个工程自然需要对相关资料了如指掌，收集相关材料是他们必须要做的功课。而项目投资部强调本部门主要进行项目投资，进而将任务推给建设管理部，无非是觉得自己部门的工作给公司带来了直接的收益，具有很大贡献，而自己部门的薪酬和建设管理部没太大差别，自然不愿多承担工作。同理，建设管理部强调本部门工作技术含量高、难度大，而行政事务部既不用跑现场也没有过多技术要求，本部门的薪酬甚至比行政事务部的某些员工还低。表面上看起来是工作推脱，实际上是对岗位价值与其背后的薪酬不匹配现象的不满。"荣总语重心长地解释道。"噢!原来问题出在这啊!我们K公司在同行业里一直属于效益领先的，我们公司的平均薪酬水平也明显要高于市场的平均水平，所以我根本就没往员工会对薪酬感到不满这方面去想，荣总这么一解释我恍然大悟!"小江一脸崇拜地看着荣总。"岗位评价衡量的是各个岗位之间的相对价值，是体现内部公平的程序标尺，需要我们精准把握。其实最近，员工对于公司的薪酬制度有意见，我也是略有耳闻，今天各部门互相扯皮的现象让我不得不重视一下本公司的岗位评价工作了。"荣总拍了拍江经理的肩膀说道。江经理眉头紧锁，陷入沉思……

江经理是一个执行力很强的员工，荣总的任务江经理已然领悟到。第二天，江经理带着分析方案来到了荣总办公室。原来，K公司一直实行的是一套较为传统、较为简单的薪酬制度。这套制度粗略地将职位根据职责等级划分为4个等级：例如员工层、主管层、经理层以及高层。于是问题就出现了。并非主管级的贡献就比员工级的要高，还需要进一步去比较是属于哪一部门的主管和员工。由于每个部门的工作量、任务难度有着很大的区别，可见，笼统地将所有部门一刀切的做法并不合理。此外，有的主管或是经理承担的责任比员工大得多，较大的薪酬差距才能体现所承担责任大小。

经过以上分析，K公司共同商讨决定重新组织一次岗位价值评估。为了凸显公司对此次岗位价值评估的重视，荣总立马成立了评估小组。评估小组的成员有荣总、人力资源部江经理、各部门经理以及其他相关人员。并且进一步进行了相关培训，让大家明确了岗位价值评估的大致流程和具体可能遇到的操作步骤，在岗位价值评估开始之前让大家都有一个大概的认知，并让大家提出自己关于此次岗位价值评估的一些意见和建议，以方便后续工作的顺利开展。

然而，当岗位评估小组兴致勃勃地正准备开展工作时，大家对于采用何种评估方法却产生了分歧！

三、发言盈庭

江经理带领人力资源部将岗位评估的相关资料进行了充分收集和整理总结。在此基础上，评估小组意识到岗位评估的方法多种多样，究竟哪一种方法是适合K公司的呢？现有主流的岗位评价方法主要是岗位参照法、岗位排序法、分类法、要素比较法、海氏三要素评估法、美世岗位价值评估法等。方法本身没有优劣之分，每种岗位评价方法都有其自身的优点和缺点以及其适用的行业、岗位。因此，在选择使用何种岗位评价方法之前，我们需要充分考虑本企业的发展现状。没有最好的岗位评价方法，只有最适合的，选择一种合适的方法是岗位评估成功的第一步。于是，岗位评估小组便开始对K公司的基本情况进行分析，并对各种评估方法进行充分了解。大家展开了热烈的讨论。

"为了我们讨论出来的方法能够最大程度地契合我们公司的情况，我先将我们公司的岗位现状以及未来发展趋势简单介绍一下。"荣总率先发言，把控全局。"K公司现有员工560人，其中包括中层正职41人，中层副职63人，员工456人。部门包括综合部、人力资源部、计划财务部、项目投资部、土地开发部、建设管理部、资本运营部、资产管理部、党群工作部等12个部门。K公司现有部门的中层管理人员及员工均存在缺口，未来计划对缺口岗位进行扩招。此外，公司人岗不匹配的问题较为突出，部分部门出现一人多岗的情况，一些部门例如行政事务部却出现岗位冗余情况，所以我们计划未来还要进一步对特定岗位进行细分或是合并。这是我们公司目前的基本情况和未来发展趋势，希望能够作为我们选择岗位评价方法的一个依据，接下来请诸位帮忙探讨一下各种评估方法的优劣及适应性。"

江经理站起身来说道："感谢荣总对公司岗位的介绍，接下来请允许我根据之前做的功课简要介绍一下各种评估方法。首先，岗位参照法就是用已知工资等级的岗位为标准进一步对其他岗位进行评估。先选择公司内典型的或是重要的岗位作为一个标准岗位进行评估。然后以其为参照，便可进一步推广到其他岗位去。第二，岗位排序法。岗位排序法是根据一些特定的标准，比如说工作的复杂程度、贡献大小等要素，将各个岗位作为一个整体进行比较和排序。这一方法简单易操作、省时省力，适用于规模较小、岗位数量较少的公司。第三，分类法。分类法是将公司所有岗位根据工作内容、工作职责、任职资格等多个方面分成不同的类别。例如，可以分为管理工作类、事务工作类、技术工作类等。接着赋予每一类别一个岗位价值的区间，并对同一类的岗位进行排列，从而确定出岗位价值。岗位分类法适合大型公司，能够在短时间内对大量的岗位进行评价，但是主观性较强。第四，要素比较法。要素比较法是选择多种报酬要素，按照各种要素分别进行排序。要素比较法可以根据各个报酬因素上得到的评价结果来计算一个具体的报酬金额，可以更加精确地反映出岗位之间的相对价值。第五，海氏三要素评估法将支付员工薪酬的因素抽象地划分成三个要素：知识技能水平、解决问题的能力以及承担的责任，并且为这三个要素设计了相应的评价量表，专家小组对每个维度进行打分后将分数加总，就可以得到目标岗位的价值。第六，美世岗位价值评估法评价 4 个较为通用的因素，即分别是影响、沟通、创新以及知识，将这 4 个要素划分为 10 个维度，在此基础上实现对各个岗位的价值评估。以上是目前比较主流的几个评估方法。"听完江经理的介绍之后，评估小组的王经理认为应该采用海氏三要素法，而周经理却认为应该采用岗位参照法。

王经理率先发言："从刚才江经理的介绍当中我们知道，海氏三要素评估法是 1951 年就提出来的，经过 60 多年的发展与完善，已经在全世界成千上万家企业中得到推广和成功应用。据统计，世界 500 强企业当中有 1/3 的企业都采用了 Hay Group。既然我们企业的目标也是发展成为一流企业，我们也应当向一流企业看齐。"这时，江经理也提出了自己的质疑："王经理，确实大多数企业都使用 Hay Group，但是它是否适用于我们 K 公司呢？"

王经理微微一笑："江经理的问题就是一针见血！我知道大家在顾虑什么，我来解释一下为什么我支持选择海氏三要素评估法。首先，海氏工作评价系统适用于各种规模的企业，刚才荣总也介绍过我们公司的基本情况了。从规模上来看的话，K 公司是属于中等偏上的。公司规模并没有限制 Hay Group 的适用性。其次，Hay Group 的设计严密，操作流程规范，评估岗位价值的结果也具有较高的标准性，如果我们公司严格按照该方法的要求和步骤来开展岗位评价工作，最终的岗位评价的结果也一定是科学有效的。最后，Hay Group 尤其适用于知识密集型和服务型企业，而我们是产业投资型公司，正好属于知识密集型企业。由此可见，Hay Group 与我们公司还是较为契合的。"

听完王经理的陈述，周经理若有所思："王经理分析得较为全面，但是我有一个不同意见，使用 Hay Group 对于我们公司而言，在操作和实施过程的难度系数偏大。因为，Hay Group 要求严格执行相关的程序和标准，并且在整个评估过程中要消耗大量的时间和人力，同时，其背后的时间成本和经济成本也是一个挑战。"

荣总听明白了周经理的担忧，于是问周经理："那么周经理，依你看何种方法更加适合呢？"周经理答道："我认为对于我们公司而言，采用省时省力的岗位参照法就可以很好解决我们公司的问题了，我们是以解决问题为导向的，而不是盲目跟风，花最小的成本解决问题何乐而不为？"荣总接着问道："那具体给我们讲讲你的理由吧。"

周经理阐述道："岗位参照法是一种定量评估方法。第一步是在我们公司内部成立评估小组，这项工作我们已经完成了；接着要在公司内部选择几个标杆岗位先开展工作，鉴于我们公司是产业投资企业，所以标杆岗位可以从项目投资部、建设管理部，土地开发部中选择；接下来的就是以标准岗位为基础对剩余的岗位进行归类整理；然后根据本组标准岗位的价值，相应地就可以得出其他岗位的价值；鉴于具体岗位与标准岗位之间必然会存在不同，因此需要对上一步得到的岗位价值进行进一步的修改和调整，最终便可以得到企业所有的岗位相对价值了。"周经理接着补充道："由于我们是对标准岗位的价值先进行了评价，再推广到公司的全部岗位中去，可见操作相对 Hay Group 而言是简单可行的，而且整个过程并不需要耗费太多的时间、精力以及成本。我们公司共有 12 个职能部门，我们能够以较快的时间和较低的成本得到各岗位之间的相对价值。因此，我个人意见是采用岗位参照法即可。"

此时，王经理反问道："相对于 Hay Group，岗位参照法的操作过程的确更加简洁并且技术要求没有那么高。但是周经理，我们在选择标杆岗位时的主观性太强了，因为其他岗位都需要与其进行对比，那么标杆岗位的说服力和精准度又该如何保证呢？正如你说的，项目投资部、建设管理部和土地开发部是公司的主要部门，那资产管理部、资本运营部怎么就不算主要部门呢？而且，我们公司岗位的主要问题就是出在岗位相对价值上，每个部门都觉得自己的岗位价值更高，您这个方法并没有绕过这个问题啊，还是会带有很强的主观偏见，我认为并不合适。我们从根本上解决问题是必然要付出成本的，换个角度看，如果我们能够有效解决岗位评估问题，便能保证公司薪酬内部公平性，员工满意则工作效率更高，这未来收益是更大的呀！"

四、一锤定音

周经理与王经理各执一词，陷入僵局，为缓解尴尬的局面，人力资源部江经理看向荣总："既然目前我们评估小组内形成了这两种对峙的观点，那由小组成员投票表决一下，参考下彼此的意见如何？"荣总笑着点头默许。于是，江经理就在岗位评价小组的微信群里发布了投票链接。然而，戏剧性的结果再次上演，最终的结果还是平分秋色，有一半的成员支持周经理的观点，还有一半的同事支持王经理的观点。此时，小组成员都将渴望的目光聚焦在荣总身上。

荣总坐在一旁听着评估小组热火朝天的讨论，内心已经有了答案，语重心长地说道："此次岗位价值评估对于解决我们公司当前的存在的问题是至关重要的，是我们对自身进行革新的第一步。这第一个步子既要迈得大，又要迈得稳。迈得大说白了就是此次岗位价值评估需要取得突破性的进展，迈得稳就是在取得突破的同时要保证岗位价值评估的质量。首先要感谢江经理对几种评估方法的用心介绍。其次，我认真听了大家的意见，尤其是王经理和周经理热烈的辩论，我觉得二位的观点都不无道理，虽然大家都有各自的出发点和顾虑，但我明白大家最终的目的都是一样的。'工欲善其事必先利其器'，对于岗位评价方法的选择一定要再三考虑，这不仅关系到我们后续工作的开展，甚至可能直接影响到评价的结果。结合我们公司的主要情况以及目标需求，参考王经理和周经理的观点，综合考虑各种因素之后，我认为 Hay Group 可能会略胜一筹。"

荣总起身整理好衣服，喝了一口水后继续说道："我们公司算是中等规模，确实采用岗位参照法也是可行的，但是我们公司最大的问题就是出在岗位价值不明确，岗位参照法最大的不合适便是在标杆岗位的确定上主观性太强了。我知道各部门都在暗自较劲，认为自己部门的贡献大，薪酬拉不开差距，大家对此都颇有怨言，以至于互相推脱工作来获取小小慰藉。岗位参照法虽说成本低，速度快，但是并没有从根本上解决问题。我们需要的是更为客观的岗位价值标准。在目标面前，成本、时间并不足以构成阻碍。因此，我会更加青睐 Hay Group。根据 Hay Group 的观点，公司内部的所有岗位都具有三类最主要的体现价值的因素，并且每一类的要素都分别由不同数量的子要素构成，以此形成一个岗位评价系统。海氏工作评价系统认为，每一个岗位之所以存在是由于其要承担一定的责任，也就是这个岗位的产出；而想要有所产出就必须有所投入，投入就是从事该岗位所必须具备的知识与技能；最终投入到岗位的知识技能通过解决问题这一实际操作过程，得出应负责任这一最终结果。这种衡量方式与我们自己确认标杆岗位相比是更具有说服力的！"在荣总的拍板下，大家对于采用 Hay Group 的评估方法没有分歧了，工作开展积极性也受到激励！

五、热火朝天

在经过热烈讨论后，K 公司终于确定下来岗位价值评估的方法——海氏三要素评估法。评估小组兴致勃勃地开展评估活动。荣总也向公司员工宣布 K 公司将进行一次全面的岗位价值评估，本以为员工们都会积极配合，没想到员工的反应倒显得忧心忡忡。荣总见状，立刻让人力资源部江经理查明为什么员工的态度会不配合？

江经理经过多方了解后才知道原来员工们对于岗位评估是有心理恐惧的，生怕岗位评估的结果会增加自己的工作量甚至是将自己的岗位给"评估掉"。江经理将调查结果汇报给荣总，荣总即刻意识到岗位评估并不是评估小组单方面的工作，还需要公司内所有员工的积极配合。员工们害怕岗位评估会对他们现有的工作现状造成不利影响。

于是，荣总紧急召集评估小组开了会议。"评估小组的各位成员们，我们现在已经确定了评估方法，但是有一点很重要的因素我们忽略掉了，那就是民心！我们前期一直把评估的重心放在岗位上，忽略了岗位评估不仅要考虑岗位，更需要考虑员工。还好我们是在实施工作之前就意识到这一点。岗位评估对员工来说是有恐惧感的！而我们的评估工作是绝不能脱离员工的配合和支持的！所以我需要在开展工作之前提醒你们三点：首先，要站在员工的角度去考虑和分析问题。必要时小组成员还需亲临工作现场去体会员工的工作内容，身临其境去体会员工工作的繁忙程度、工作所承担的责任大小等，再对岗位进行评价。第二，重视沟通。沟通是消除员工对岗位评价恐惧的最好渠道，与员工的沟通应贯穿我们整个任务过程，每一环节都要力图减少员工对岗位评估的误解，进而减少他们的焦虑心理；第三，在岗位评价过程中，要尊重员工，将员工看作是其所在岗位的专家，鼓励他们参与到岗位评价中来，对所在岗位提出自己的建议和意见。"评估小组成员将荣总的建议牢记于心。

首先就是对此次工作正式开展前所做的一些准备工作。除了每个小组成员准备好自身工作所需的材料和明确自己的分工之外，为了岗位价值评估工作的有效开展，K 公司还专门邀请专家进行指导，以确保评估小组内的每位成员都掌握海氏工作评价方法的具体操作。随后就是由外部专家和公司内部评价小组组成的团队对岗位的价值进行正式的评分。此时，江经理提醒大家并不要急着开始对所有岗位进行评价。我们先对一个岗位进行评价，并对结果进行相应的数理统计分析。在得到外部专家的认可之后我们再展开正式全面的岗位价值评估工作。这样做的目的是为了避免因为有的小组成员没有完全掌握测评方法而给后面的工作带来诸多不必要的麻烦。再进一步的工作就是汇总各岗位的分数并以此为基础确定整体的岗位价值等级。在得出各岗位的平均分数后，可以将每个小组成员计算出的岗位价值得分与岗位价值的平均分的离差计算出来，如果有出现离差比较大的情况则可以将这一分数剔除。通过这种方法，就可以将岗位价值得分计算的偏差降低到最低程度，进而保证岗位价值评估的精确性。

评分工作就这样热火朝天地进行着，大家也因为工作的顺利进展而信心大增，工作效率也提高了。在大家共同高效协作的努力下，有望比计划提前半个月完成此次对岗位评价的工作。最终，在工作团队的共同努力下，完成了岗位价值的一次新的评估。至此，K 公司的岗位价值评估宣告圆满结束，也为下一阶段的薪酬结构和薪酬水平的改善与提高打下了坚实的基础。

六、高瞻远瞩

对于刚刚结束的岗位价值评估工作，就整体而言是成功的。在新的岗位价值的基础上，K 公司进一步对薪酬体系以及薪酬结构进行了优化，员工们对于岗位价值及其背后的薪酬也无怨言，员工们感知到内部公平备受鼓舞，干劲十足！工作互相推脱的情况得到了明显的改善。除此之外，重新进行岗位评估之后，K 公司薪酬同时具备外部竞争性和内部公平性，也吸引了不少应聘者，之前的岗位缺口也得以填补。这一局面的出现使 K 公司的工作效率得到了极大的提升，大家都觉得进行岗位价值评估受益匪浅，也十分佩服荣总当时的远见以及一锤定音的魄力。

随着时间推移，K 公司的业务范围越来越广，公司的员工规模也在不断扩大，在行业内知名度也越来越高。发展至今，K 公司在全国范围同行业内也名列前茅。取得这样的成绩是整个公司所有人团结一致、齐心协力的结果，而这也在荣总意料之中。

但是一次的成功就意味着可以一劳永逸了吗？在如今充满易变性、不确定性、复杂性和模糊性的 VUCA 时代，外部市场环境时刻处于变化当中。企业是一个天然的生命体，其生存离不开"阳光雨露"——市场，离不开思想与工具，更离不开人。外部环境时刻变化，各大企业必然又要面临转型的境况，牵一发而动全身。那个时候，K 公司又将会面临什么样的岗位分析挑战呢？荣总还能像这次一样带领公司成功解决问题吗？对于这些问题，荣总时刻在思考着，也时刻准备着……

💬 案例使用说明

1. 教学目的与用途

（1）了解工作分析的各方面内容，为本案例的学习奠定基础。

（2）对目前存在的所有岗位价值评估方法进行具体的了解与学习，并熟知各种方法的优点与不足及其适用企业。

（3）思考岗位价值评估的重要性，并熟悉每种岗位价值评估方法的具体操作步骤。

2．课堂讨论题

（1）请谈谈岗位价值评估的重要性。

（2）岗位参照法有哪些优点与不足之处？

（3）海氏工作评价系统为什么适用于 K 公司？

（4）在运用海氏工作评价系统时应该注意什么问题？

（5）试着将海氏三要素评估法与美世岗位价值评估法进行比较。

3．启发思考题

（1）影响岗位价值有哪些通用的因素？

（2）企业在进行岗位价值评估前应该做哪些准备工作？

（3）简述岗位价值评估与人力资源其他模块的联系。

（4）进行岗位价值评估的步骤是什么？

参考文献

［1］肖艳．昆明 CT 公司岗位分析的问题与对策研究．昆明理工大学，2020.

［2］陈虹霁，陈德智．基于岗位评价的薪酬结构设计实例．人力资源管理，2013，6（02）：83-86.

［3］李妮．岗位价值评估：难易之间只差一个好方法．人力资源，2017，24（01）：60-61.

［4］韩清颖，孙涛．集体主义文化促进公务员公共服务动机驱动岗位绩效研究——基于 T 市的探索．中国行政管理，2022，29（03）：98-106.

H 公司的薪酬制度何去何从？

【摘要】H 公司成立于 1996 年，早期在港口城市 M 市主要从事进出口贸易，2009 年公司主营业务从原来单一型进出口贸易向上游拓展，形成综合性业务。H 公司创业初期一直采用滞后性薪酬策略，随着公司业务拓展，原有的薪酬制度已无法适应公司发展，薪酬制度改革势在必行。但原有薪酬制度中的诸多问题该如何解决，是将员工薪酬与能力挂钩，还是建立宽带薪酬制度？这些棘手的问题让王总感到前所未有的压力。

【关键词】薪酬策略；宽带薪酬；薪酬激励

随着 H 公司综合性业务的开展，公司的研发团队、生产车间不断壮大，市场份额也显著上升。公司在蓬勃发展的同时也出现了诸多问题，车间生产工人消极怠工、员工晋升通道单一、员工工作缺乏积极性。公司业务在扩展，但薪酬制度还是老一套，薪酬制度改革势在必行，可改革该从何处下手、采取什么样的薪酬策略、原有薪酬制度中存在的问题到底该如何解决？这一系列问题让王总陷入了沉思。

一、公司简介

H 公司成立于 1996 年。借着改革开放的东风，创始人李总带领五人小团队在港口城市 M 市注册了一个小公司，公司主要经营范围为化工产品（催化剂、医药中间体）的进出口贸易，注册地址在市内革镇堡。1996 年至 2006 年这 10 年间，H 公司凭借着优质的服务、良好的口碑、不断增多的订单利润逐年上升，并在 M 市市场赢得一席之地。2006 年，H 公司进出口规模达 5000 万美元，销售额超过 3 亿元人民币。

经过 10 年的蓬勃发展，昔日的小公司已经成为 M 市的龙头企业，单一的进出口贸易业务已经不能够满足 H 公司的发展。随着全球化工行业的持续升温，化工行业的市场竞争日益激烈，客户需求多样化导致可提供的化工产品的多样化以及服务程序的复杂性。为使 H 公司快速适应市场的需求并在市场中占据主动性，李总和 H 公司的决策层经过市场调研、实地考察等慎重决定增加原有的业务范围，即 H 公司在 M 市化工产业基地投资建厂，培养自己的研发团队、建自己的生产车间，以市场为导向，开展相关业务，公司主营业务从原来单一型进出口贸易向上游迈上两大步，业务向前延伸至实验室研发小试、柔性生产线，并与其下游的销售及全程咨询服务形成为一体化产业链的综合性业务。

2007 年，公司所在的 M 市出台招商引资政策，在当地要建立本市唯一的化工产业基地，地址为距本市 80 公里外的 SMD 化工园区。入驻园区时，本市最大、历史最久的化工厂也从市内搬迁至此园区，而该化工厂周边剩余的若干小块的土地正招标等待挂牌。

H 公司在 SMD 管委会招商部的热情邀请下，经董事会决议入驻园区，并签订了入园协议。随即在园区拍到了一块 20000 平方米的土地，开始了 H 公司的长达十年梦想："有那么一群人，在那么一方土地上，开发几款足以养活全家的产品，让兄弟姐妹们衣食无忧。"

在园区建设期间，H 公司一边继续干着自己进出口贸易的老本行，为 H 公司拓展业务积累现金流，一边致力于创新型化工工艺研发及相关技术、产品的应用与推广，并为这块不大的土地努力着：办理开工的前置安全、消防、环保等手续，厂房的设计、规划、施工、验收，购买配套设备，管道配备、水电气等基础设施的建设……截至 2009 年 8 月底，上述工作已全部完成，已具备开工条件，筹建期已接近尾声，开工前的试水、试车、试压等工作也将按步骤、有计划地启动。

二、H 公司创业初期的薪酬制度

H 公司成立于 1996 年，创始人李总经理带领他的创业团队迎着改革开放的浪潮，凭借着独特的眼光、敏锐的市场嗅觉开始经营工业化工产品的进出口贸易，起步初期虽然经营规模不大，但是凭借着优质的产品质量、专业的服务、稳定的客户及订单，每年的利润也在不断增长，这家小公司也得以在市场上站稳脚跟。

1996—2002 年，H 公司正处于创业初期，正需要大量优秀业务员来拓展市场，李总和创业团队决定，先在本地的人才市场进行招聘，寻找人才。几天后，李总和创业团队成员张总满怀信心地来到 M 市人才市场招聘，但却败兴而归，面试的几个贸易业务员能力都不错，但是一谈到薪资，业务员就纷纷推辞了这份工作。回到公司后，李总和张总讨论到，"现在正是公司创业初期，到处都是需要用钱的地方，贸易业务员工资过高，公司只会入不敷出啊！"张总认为："招兵买马是必须的，公司要想发展、想壮大就离不开优秀的贸易业务员，我们必须想办法克服困难！"

这时，创业团队的王总向李总和张总提议，公司现在给不了贸易业务员高薪资，但我们可以采取长期激励的方式啊！给予优秀贸易业务员股份，让他们能够在年终得到企业的分红，将员工与企业利益捆绑在一起，既能够激发员工的工作积极性、提高员工对企业的忠诚度，又能够降低一些人工成本，这样何乐而不为呢？李总在思考过后，认为王总说得非常有道理，但是仅仅有长期激励就够了嘛？贸易业务员流动率相对较大，许多业务员工作不够一年就辞职，怎么才能既节约人工成本，又实现短期激励和长期激励相结合呢？李总又陷入了沉思。

张总在得知李总的困惑后，主动向李总建议，我们可以将贸易业务员的基本薪酬设定为略低于市场平均水平，然后给予相对较高的绩效工资，并且对那些业务能力出众的业务员奖励公司股份，让业务员从员工变股东，从普通员工成为一名创业者。这样既可以达到短期激励的效果，同时又能够充分调动员工的积极性，还可以缓解公司现金流的压力。让员工在兼顾短期利益的同时，从长远角度为公司发展考虑，实现短期激励和长期激励的结合。李总在听了张总的建议后频频点头，决定按照张总的提议设定贸易业务员的薪酬构成。经过新一轮的招聘后，H 公司团队成员日渐丰满，许多贸易业务员看好 H 公司的发展前景，决定加入 H 公司大干一场！

H 公司创业初期一直采用滞后性薪酬策略，基本薪酬一直低于市场平均水平，但凭借着高绩效工资、优秀员工奖励公司股份的方式也招募了一批高素质人才，推动着 H 公司蓬勃发展。H 公司靠着创业的豪情、对成功的向往以及领导独特的人格魅力让员工们心往一处想、劲往一处使。

三、贸易业务员薪酬制度的一波三折

创业初期，H 公司的业务员薪酬构成相对简单，为基本工资加上绩效工资。为了提高薪酬的激励效果，绩效工资占工资总额的 65%，绩效工资直接按照个人业务额的百分比提成，且提成无基数，提成比率固定无变动。

在创业的前几年，这种薪酬构成极大地激励了业务员开拓市场，充分调动了业务员的工资积极性，只要踏实肯干，就可以拿到一笔可观的收入。但随着 H 公司业务发展不断成熟，市场份额相对稳定且不断扩大，这种业务员薪酬构成弊端也逐渐显现。业务员已经开拓了相对稳定的市场，每个月的业务额有一部分相对固定，而公司提成无基数就意味着业务员不用怎么努力就可以拿到一笔还不错的收入，并且提成比例固定，无阶梯、无浮动，业务员的业务额无论多少，都按照相同比例提成，业务员也就丧失了进一步拓展市场的积极性。业务员的这种薪酬构成也给公司的发展带来了阻碍，公司每个月的工资总额只多不少，但是公司的业务情况却没有变得更好，公司发展开始原地踏步。

意识到问题严重性的李总在公司高层会议上广泛征求大家的意见，共同商议对策，怎样能够重新调动贸易业务员的工作积极性，帮助企业进一步开拓市场，提高贸易额的同时还能够控制人工成本呢？这时，负责人力资源工作的王总建议："现在业务员薪酬构成中最主要的问题是业务提成无基数。在优化薪酬制度时，必须设定提成基数，基数以下的部分是每个月必须要完成的业绩，而基数以上的部分则按照业务额比例进行提成，同时，超过基数的部分不能按照相同比例提成，最好是阶段式的，形成梯度，这样才能够充分调动员工的工作积极性！"

听了王总的提议后，李总预想将业务员薪酬中绩效工资部分设定为阶梯递增式提成模式，设定销售提成基数，超过基数的部分按不同比例提成，超过基数的部分越多，提成比例越高。这时，张总也发表了自己的看法，销售提成基数到底按什么确定，以什么为标准和依据，是公司统一设定还是员工自己设定？老员工会不会对公司有意见而选择跳槽，带走公司的客户呢？

张总的担忧也是现阶段最棘手的问题，大家群力群策，共同商议应对办法。王总在会议结束后，深入业务员群体，了解他们的所思所想。现阶段公司业务员每个月虽然能够拿到一笔可观的收入，但是许多业务员表示，公司的提成方式激励性明显不足，业务员也不愿意再多做单子，若是业务额越大、提成越多就好了！

经过慎重考虑后，李总决定实施业务员薪酬阶梯递增提成模式，并且调整业务员薪酬构成，将工资构成分为四部分：基本工资、岗位工资、工龄工资和个人绩效工资，固定部分的工资占薪酬总额的 40%，绩效工资占到工资总额的 60%。基数由公司统一制定，按照过去 3 年业务额的平均数的 75% 设定基数，超过部分按比例提成。月度业务额 100 万元人民币以上，超过的部分提成比例 0.2%，100 万到 150 万元，提成比例为 0.25%，150 万元到 200 万元，提成比例为 0.325%，200 万到 350 万元，提成比例为 0.385%，提成上不封顶。

经过调整的业务员薪酬制度更具有挑战性和激励性，业务员工作更有干劲，只要业绩高，就能拿到更高的报酬。对于公司来说，这次薪酬制度的调整帮助公司在一定程度上削减了人工成本，同时又保持了员工的工作积极性，进一步拓展了市场。

几个月后，王总发现这种提成模式也是问题频出。一些业务额较少的业务员将自己的业绩让渡给销售额较高的业务员，去获取较高比例的提成数额，私下分成。同时，薪酬制度中重在激励个人绩效，一个团队中的业务员为了提高自己的业绩，会和同事去抢单子，造成了严重的内耗。这样不仅公司的人工成本增加了，还使员工小团体数量众多，员工之间拉帮结派，公司难以管理，团队凝聚力下降。

李总听了王总反映的问题后，意识到必须对业务员的薪酬制度进一步调整。李总考虑过在现有模式上设置封顶数额，或者设置销售提成比例递减的模式，这样可在一定程度上避免业务员私下分成，但是业务员销售达到一定数额就不愿意再努力提高业绩，工作积极性不高，这样又会打击一些员工的工作积极性，李总也十分为难。王总建议可以将绩效工资分为两部分，个人绩效和团队绩效，个人绩效占 75%，团队绩效占 25%；个人绩效做得好也只能拿到一部分奖励，必须要考虑团队的绩效。这样是不是能够避免业务员私下分成呢？李总和王总对如何设置业务员薪酬制度又陷入了新一轮的思考。

四、势在必行的薪酬制度改革

2009 年是我国石油和化工行业进出口贸易最为艰难的一年，受国际金融危机和国际贸易保护主义的影响，进出口贸易额下降，行业遇冷。H 公司恰逢此时进行了公司业务上下游的拓展，业务向前延伸至实验室研发、车间柔性生产线，并与其下游的销售及全程咨询服务形成为一体化产业链的综合性业务。H 公司之前的薪酬制度设计偏向业务员，在进行公司业务拓展之后，虽然工厂建好了，各种机器也调试好准备开工，但与公司现有业务匹配的各种制度却没有及时跟上，给公司发展带来不少困扰。

H 公司在进行车间建设期间，招聘了大量车间工人，当时 H 公司还没有针对车间工人的薪资标准，车间工人的工资多采用协商制，与市场薪酬平均水平基本持平。在车间投入使用后，化工产品的生产也逐渐步入正轨。

业务员小王在 H 公司工作了 5 年，工作一直兢兢业业，收入也不错，最近却向人力资源部递交了辞呈，人力资源主管林姐十分诧异，主动找到小王进行沟通，了解小王辞职的原因。原来，在 H 公司业务拓展后，业务员出订单后要去工厂提货，但是车间却经常以时间不够、机器故障、人手不够等原因推迟出货。小王好几单业务都因为没有办法及时交货而导致订单取消，还得罪了客户，这几个月小王的业务下滑得厉害，连基本的基数都完不成，于是小王心生了辞职的念头。

随后，人力资源主管林姐又找了其他业务员沟通，发现有的业务员为了车间能够及时出货，私下给车间主任塞红包，偷偷给好处，让车间主任先完成自己的订单，其他业务员看到也纷纷效仿，私下塞红包更是愈演愈烈。知晓情况的林姐及时与人力资源总监王总进行了沟通。王总知晓此事后直接与李总商议解决对策，先是找到私下收受红包的车间主任，将其暂时调离工作岗位，随后及时了解车间订单不能及时交货的原因，到底是人手不够、设备问题还是员工消极怠工？

通过深入车间工人了解情况，王总发现，车间生产工人的工资在建厂时多采用的是协商的工资制，缺少绩效激励，大家干多干少都一样，谁会积极主动地生产呢？王总在知晓情况后，意识到必须调整车间一线生产工人的薪酬构成，让车间工人体会到生产得越多、生产产品质量越高，工资就会越高。经过前期的调研和准备，H 公司在车间生产工人的工资中加入绩效工资，采用计件工资制，设定生产基数，超过生产基数的部分按照阶梯递增的模式计提。同时车间完成订单数也就是团队绩效也计入车间生产工人的工资，通过个人绩效与团队绩效共同激励的方式，充分调动车间工人的生产积极性。

在调整了车间工人的薪酬构成后，王总意识到，必须尽快完善薪酬制度才能保证业务拓展后 H 公司能够正常运转，员工工作积极性才能得到调动。王总和李总商议后决定先深入员工内部了解现有薪酬制度存在的问题，以及员工对薪酬制度的改进建议，再从公司顶层制度设计的角度制定公司整体薪酬制度。

H 公司薪酬制度存在诸多问题，为了拓展公司业务，满足公司对用工的需求，许多岗位采用协商性质的薪酬，同样岗位的员工却可能拿着不同的工资，企业内部众多岗位同工不同酬。H 公司为大量招揽人才，吸引新员工，常常会给予新员工较高的薪资，而内部的老员工工资涨幅有限，这就导致许多干了好几年的老员工还没有刚刚入职的新员工工资高，这引起了众多老员工的不满。现阶段，H 公司研发人员的绩效工资主要却决于项目的完成质量，但是有的项目周期过长，半年甚至一年更久，绩效工资的评定难上加难，绩效工资发放周期过长，如此一来，绩效工资也就丧失了激励的时效性。同时研发人员的绩效工资依据设定也是个难题，到底是结果导向，还是要重视能力，是重奖团队绩效还是重奖个人绩效，到底怎样的薪酬制度能够调动研发人员的工作积极性？这些问题都深深困扰着李总，H 公司薪酬制度改革到底该从何处下手，薪酬决定标准基于什么，薪酬的支付结构怎样确定，这些棘手的问题也让王总感到前所未有的压力。

五、H 公司薪酬制度路在何方？

H 公司在综合性业务开展后招揽了不少人才，集中在研发、管理、市场营销等岗位，这些新鲜血液的注入给 H 公司带来了生机，让 H 公司在市场中占得先机。

H 公司一直是定人定岗，定岗定薪。员工想要突破原先的薪资标准，只有提级或晋升，职位提高代表了薪资增加。由于员工的薪酬晋升的通道单一，员工薪酬水平难以大幅度提高，许多员工虽然工作做得不错，但是却难以得到晋升，更别说加薪了。近来，人力资源部也收到了不少员工的辞职信，有不少员工表示想跳槽寻求更好的职业发展。

人力资源部门主管及时向王总反映现阶段的问题。王总也知道晋升通道单一，加薪困难的问题由来已久，可问题到底该从哪里入手解决呢？在公司决策层会议上，高层领导也就此问题展开了讨论。

张总提出我们的薪酬制度能不能和员工能力挂钩呢，这样员工不用获得职务上的晋升，也可以加薪。在薪酬制度中设置资质工资，鼓励员工通过提高自身的技能和专业水平这一渠道来获得更高薪资待遇，即员工获得与本岗位相关的证书（以最高级别的为准），在月工资的基本工资中体现。

理由是，对于大部分员工而言，学历工资（硕士博士以上）与资质工资（中高级别以上）大多是进入 H 公司后通过公司支持鼓励参加再学习获得的，是员工个人主观地提高自身能力及学历的一种表现。员工可以通过学习提高自身的能力及业务水平就可以获得更高的报酬，而不再是为了增加薪酬而削尖脑袋去晋升，这对于解决新进公司的年轻人以及经验丰富的技术工人的"不晋升也可以加薪"不失为一种好办法。这种方法的最大优势在于：公司支持员工为自己学习，增大对自身的人力资本投资，为自己迈向更高职级又添一块敲门砖，也不会因为在 H 公司时间久了，出现技能单一、知识陈旧，乃至失去跳槽的机会与本领。

但也有人对张总的建议提出了质疑，将薪酬与员工能力挂钩出发点虽然是好的，但是有些岗位不需要员工需要那么大的能力，即使员工的能力再强，这个岗位只需要这个员工按照岗位说明书做事就可以了。如果按照员工能力去付酬，那么公司就要为这个岗位花更多的钱，这样公司的人工成本增加了。同样，还有一系列实际的问题，员工的能力到底怎么评价，是按照员工获得职业资格证书评价，还是学历，抑或是按照人为的主观的评价呢？万一员工都为了获得与能力对应的薪酬，去考试获得证书或者参加培训，公司的工作谁来做呢？

王总听了张总的质疑表示这些现实的问题确实存在，如果不能科学合理地制定与能力挂钩的薪酬制度，那么说不定会适得其反，反而不利于公司发展。随后，王总也提出了自己看法。

王总建议，结合 H 公司现阶段状况和实际存在的问题，公司是否可以引入宽带薪酬制度，将薪酬结构中的职能工资设置为宽带薪酬，恰好可以弥补晋升通道单一导致的员工加薪困难的缺陷。这种宽带薪酬方案设计应用时应强调的是：员工个人能力及专业水平与岗位工资相结合，方能体现该宽带薪酬方案设计的公平性、科学性、实用性。员工虽然在职务级别上没有提升，但薪酬水平有足够的提升空间，员工在同一级别内部差距的拉大，也能够起到对员工的激励。

王总认为在进行薪酬层次设计时，要确定三个方面的内容：薪酬的层级数，层数不宜过多；每层的梯级数以及每个梯级的薪资幅度。首先，可将 H 公司薪酬层级设为 4 级。将总经理、副总经理、总经理助理合并为 A 级；部门经理、副经理、经理助理合并为 B 级；部门主管、部门副主管、部门主管助理合并为 C 级；资深员工、普通员工、实习员工合并为 D 级。

其次，在各个层级设置 3 个梯级，可以按正职、副职及助理级，也可以根据员工在该梯级的任职时间长短，如 3 年、5 年、8 年或技术等级来界定，如初级、中级、高级。最后，设定每个梯级的薪资幅度，即薪酬等级区间的设定。在设定薪酬层级之后，要确定每个岗位即每个梯级的薪酬标准以及最高级别与最低级别的变动幅度。通常是薪酬等级越高，薪酬变动的幅度就越大，例如 A 层级可相差 500%，甚至更多；B 层级可相差 400%～500%，C 层级可相差 300%～400%，D 层级可相差 200%～300%，每层级中的各幅度与差别与本企业的经营规模和发展速度有直接关系。像 H 公司处在发展过渡期，不适宜大幅度波动，平稳的幅度更适合。

根据以上薪酬层级区间的设定，给每个梯级的岗位薪酬都提供了宽松的空间，员工可以在本级区间里通过自身的努力，提高学历、技术水平、资质证书等，从而获得上一级梯级的薪酬标准。也就是说，员工只要努力钻研自己的本职工作，努力提升自己，就不用担心由于不能晋升上一级岗位，而得不到加薪。

听了王总的设想后，会议上许多高层领导表示赞同，认为宽带薪酬制度确实能够解决现在员工晋升通道单一、难以升职加薪的问题。但也有人存在一些顾虑，薪酬宽带等级划分的依据是什么，王总的设想虽好，可是具体怎样实施呢？宽带薪酬制度划分了更多的职级，同时也对员工的绩效管理提出了更多的要求，那么公司的管理成本会不会大幅增加呢？在宽带薪酬制度中，员工可能很长一段时间都会处在一个职级中，那么员工就更加难以获得晋升了，员工职务上的晋升也是一种激励，那么长此以往，员工的积极性会不会也受到影响呢？

面对大家的众多问题，王总一时难以招架，可薪酬制度的改革必须要推进，H 公司薪酬制度路在何方，到底该何去何从？会议结束后，王总又陷入了沉思。

🗨 案例使用说明

1. 教学目标规划

（1）掌握员工薪酬管理的相关知识，分析薪酬制度的重要性。

（2）了解企业在创立初期可能会存在的问题，思考企业创业初期应该采取怎样的薪酬策略，如何进行薪酬制度的设计。

（3）了解薪酬制度包含的内容，思考企业应该如何根据实际情况进行薪酬策略的选择和薪酬制度的设计。

2. 课堂讨论题

（1）你认为 H 公司初期的薪酬策略是否合理，有哪些可取之处？

（2）H 公司贸易业务员的薪酬制度应该怎样完善？

（3）在案例中，对 H 公司现有薪酬制度存在的问题，你会如何解决？

（4）若你是王总，你会如何进行 H 公司薪酬制度的改革？

3. 启发思考题

（1）企业在进行薪酬制度设计时应该注意一些什么问题？

（2）什么样的企业适合采用宽带薪酬制度？

（3）宽带薪酬制度有哪些优缺点？缺点可以怎样克服？

（4）企业薪酬制度如何与企业发展相匹配？

📝 参考文献

［1］林新奇，朴载贤，和美．韩国三星集团内部薪酬倍差的案例分析．企业管理，2015，

36（05）：106-109.

［2］张成露，文跃然．困惑：给我钱，不要认可——基层员工的认可激励探讨．中国人力
资源开发，2015，32（02）：33-36.

［3］贺伟，龙立荣．实际收入水平、收入内部比较与员工薪酬满意度的关系——传统性和
部门规模的调节作用．管理世界，2011，27（04）：98-110.

［4］秦东，闫俊，王亚南．电力企业人力资源管理员工薪酬满意度探析．中国管理信息
化，2018，21（22）：74-75.

激励员工怎么就这么难？

【摘要】 为员工提供更高的薪资和福利水平，员工就会更加感到激励吗？尽管有俗语说道："有钱能使鬼推磨"，但这样的物质激励终究只能带来短期的效果，在一段时期内，员工的确会工作得更加卖力，但并不足以对员工产生持续性的刺激作用。面对这样的现实，管理者又应该如何做？作为一个教学案例，本案例以 G 公司过去 5 年的发展经历为例，阐述了 G 公司多元化战略的失败导致员工积极性的损耗，面对这样的情况，G 公司在董事长的带领下又采取了哪些改革措施来激励员工，以及这些措施存在的问题。最后，本案例希望能引发同学们对于员工激励措施的思考，并以人力资源管理部长的身份，为 G 公司提供合适的员工激励建议。

【关键词】 员工激励；组织变革；薪酬管理

一、引言

G 公司是国内一家大型的白色家电制造企业，主要经营空调业务。自 2005 年以来，公司专注于空调领域的技术创新，业务发展迅速，在行业内逐渐做大做强，很长一段时间内都稳坐行业内的头把交椅，根据相关经济部门统计，2018 年在国内市场，G 公司的空调占有率已经连续 10 年全国第一。然而随着空调行业的日趋饱和，想通过空调业务实现利润的持续增长有着较大的困难。在新一任董事长上台后，G 公司也开始打算在多元化的道路上施展一番拳脚，势要打破单一结构给公司发展带来的桎梏，然而盲目的、机会主义式的多元化也很快让 G 公司铩羽而归。与此同时，频繁的战略调整也加重了公司内部员工们的不满，员工们的积极性受到了极大的损伤，更有一些公司的核心员工被同行企业挖走。面对这样的内忧外患，G 公司的董事长看在眼里急在心里，作为董事长，他有义务带领大家走出现在的困境。最终，经过几次董事会的磋商，一系列声势浩大的员工激励措施在公司内推行开来。

二、公司简介

G 公司成立于 2001 年，是国内一家大型的白色家电制造企业。在公司成立初期，G 公司主要依靠组装生产进口家用空调，后来在第一任董事长的带领下，公司集中精力进行技术创新，在家用空调领域一步一步发展出自身的核心科技，打破了进口空调的技术壁垒。现如今，G 公司已逐渐发展成为一家创新型、科技型的全球家用电器制造集团，在国内也逐渐发展成为行业的领军者。目前，G公司主要以空调为核心业务，同时在其他家用电器领域也有所涉及，其产品远销至160多个国家和地区。

G公司现有近2万名员工，其中有近4000名研发人员和8000多名技术工人，在国内外建有10余个空调生产基地。在企业文化方面，G公司十分强调创新、质量以及改革。在创新方面，G公司曾经提出"只要符合发展需要，我们不对科研经费设置上限"，如此重视创新的态度也使得目前G公司累计申请国内专利近20000项，申请国际专利1000余项。发明授权连续5年进入全国前十。在质量方面，G公司始终秉持着诚信经营的宗旨，严格把关产品生产的质量管理与监控，绝不以次等品来糊弄客户，这样的态度也让G公司屡次获得"中国质量奖"。在改革创新方面，G公司努力调整产业布局，积极推进智能制造升级，实现高质量发展。从一开始的空调行业，G公司的业务如今也逐渐延伸至多元化的高端技术产业。

在第一任董事长退休后，公司迎来了一位新的董事长。和前一任董事长的保守克制不一样，这位新的董事长雷厉风行，他强悍的作风、快人快语的风格为他赢得了一个"霸道总裁"的称号。由于G公司是曾经的国企转型而来，其内部的体制机制还存在着诸多不适应市场化要求的地方，面对这些问题，董事长往往是大手一挥：改！虽说这样的风格可能为公司带来一些风险，但说巧不巧，在过去十多年改革春风越吹越劲的形势下，G公司也逐渐在试错中慢慢成长，将空调业务越做越大。然而面对公司单一的业务结构，公司的业务增长在近些年也放慢了速度，董事长始终觉得有劲使不出，一场多元化改革的想法逐渐在他心里成型。

三、坎坷的多元化改革之路

早在10年前，G公司就凭借着其在空调领域的专业化发展，在国内逐渐做大做强，成为国内数一数二的空调制造企业。甚至在其最耀眼的时候，G公司的董事长还和另一家互联网企业的老总打赌，5年后G公司的市值还将大于这一家互联网企业。如今，赌局的结果早已揭晓，尽管G公司凭借着其庞大的体量获胜了，但由于近几年的增长乏力，G公司的市值始终徘徊在1000亿元人民币，而那一家互联网企业却凭借着多元化发展，从300亿元的市值发展到如今的3000亿元，整整翻了10倍。事实上，这位曾经的行业龙头老大哥，不仅不再能和昔日的几个老对手平起平坐，如今反而被远远超过，其市值甚至只能勉强达到另一家同行企业的一半。对于这家向来强调"质量优先"并专注于"核心科技"的企业来说，显然极不相称。

对于G公司来说，经过了十几年的耕耘与发展，其在国内的空调制造行业早已成为了龙头，它的问题并不是专业化的问题，相反是多元化做得不够，使得其业务扩展一直不得法门。企业想要发展，就必须找到一条可持续增长的道路。没有了增长，企业就会熵增，组织就会缺少活力，冲突就会出现。多年以来，G公司一直以空调业务为核心，2015年，G公司的营收为800亿元，同比增长12%，净盈利70亿元，同比增长25%，但细看其营收结构却未发生较大的改变，空调业务占比大约占到公司净利润的八成。面对这样的情况，G公司的董事长力排众议，不顾公司目前是否具有多元化的能力，坚持要通过多元化发展战略破局，先后高调进入手机和新能源汽车行业。谁料隔行如隔山，G公司很快在这些行业铩羽而归，最终也没有形成实质性的多元化布局。

回顾G公司的多元化发展之路，不论是手机还是新能源汽车行业，它都抓住了当下最热的风口，可是从财报数据来看，这两大风口行业并没有给G公司的收入结构带来多大改变，可以说从进入手机行业开始，G公司就跑偏了。究其原因，G公司最熟悉的空调属于耐用电器，可以做到十几年不用更换，然而手机则属于快速消费电子产品，具有很快的迭代速度。两者无论是从定位还是从用户来看，都有着明显的差别，仅仅凭借在空调领域的成功就想要在手机领域闯出一片天，可谓是难上加难。此外，手机供应链的保障、系统的开发、软件以及内容生态上的不足，更成为G公司远远不足以进入市场的门槛限制。在新能源汽车领域，G公司面对的问题更是多如牛毛。

可以说，G公司的多元化完全是被逼出来的，甚至走进了"病急乱投医"的怪圈之中。有业内人士对G公司的多元化战略点评道："G公司除了空调，其他什么东西也做不好。"这样的评价无疑是给G公司的多元化发展战略打下当头一棒，但不争的事实是，G公司目前还没有摆脱依赖空调业务的核心问题，然而国内的空调行业日趋饱和，发展空间有限，一家市值千亿元的公司不可能指望靠一个夕阳产业支撑起未来。"越努力越失败"成为这家曾经的行业龙头心中挥不去的魔咒。

为什么G公司的新业务拓展不力、屡试屡败？背后的原因有很多，但一定与公司的战略定位有关。走多元化的企业战略，符合一家大型公司发展的自然进程，但是多元化的背后还需要多元化的能力，如果仅仅凭借机会主义的想法走向多元化的道路，最终也难以收获真正的成功。

四、屋漏偏逢连夜雨

董事长的一意孤行，让G公司在多元化战略的道路上盲目摸索，却始终不得门道。G公司不仅没有从增长乏力的困境中走出来，相反，一系列的瞎折腾首先在公司内部引起了员工们的不满。频繁的战略变更带来了频繁的工作调整，公司员工们有时候甚至还没有熟悉手头的工作，就要马不停蹄地接手下一份完全不同的任务安排。这样的变化也极大地增加了员工们的工作量，曾经下午6点就可以下班，现在要加班到晚上9点才能完成所有任务，更何况接手的项目都是大家不曾熟悉的新领域，说得好听点叫作"摸着石头过河"，说得不好听就是"瞎猫摸耗子"，对于那些早已在空调领域干得得心应手的员工来说，这样的改变无疑是赶鸭子上架。尽管大家深知公司现在处于危机状态，也都想为公司的发展出一份力，但这样的盲目努力也逐渐让员工们情绪耗竭，不满的情绪逐渐在公司上下蔓延开来。

除此之外，外部竞争形势的恶化也加重了公司内部的紧张情绪。同行企业的迅速扩张进一步压缩了G公司的生存空间，G公司不得不在公司内部进行了一定范围的裁员来适应现有的业务强度。这还不是最糟的，随着同行企业竞争力的提高，它们也开出了比G公司更具有吸引力的薪酬和福利水平来"挖角"，一些对公司不满意同时也有更高追求的中层干部和核心员工相继选择跳槽，这进一步加重了G公司内部人才的流失。可以说，现在的 G 公司正处于内忧外患的危险局面，员工们工作懈怠、缺乏激情，甚至在公司里常能听见员工们叹息的声音，一股阴云笼罩在 G 公司内部，迟迟拨散不开。

面对这样的情况，公司高层们也是看在眼里急在心里。想当年，G 公司也是够资格在行业内龙腾虎跃的，员工们也都是朝气蓬勃、充满干劲，再看看现在，那些曾经一起并肩奋斗的战友们，走的走、瘫的瘫，毫无积极性。烟，一根一根地抽在董事长的桌子上，现在这样的情况毕竟是自己亲手造成的，公司老小还指望自己能带领大家走出现在的阴霾，看来不改变是不行了。接下来的两个月，经过四五次的董事会磋商，G 公司最终决定开启一系列的内部改革措施来调动员工们的积极性。

五、打出一套组合拳

"要想马儿跑得快，就得让马儿吃得饱"，这是 G 公司内部改革的核心思想，改革的重点也就自然而然地放在了员工的薪酬和福利管理之上。

要想充分发挥薪酬的有效性，首先从外部而言，企业要提供具有竞争性的薪酬水平，才能起到吸引和留住员工的作用。在内部而言，则要保证薪酬的公平性，确保分配的一致性，从而达到激励和开发人才的作用。如果站在更高的角度来看，企业的薪酬管理还要促使企业经营战略目标的达成，这也就是常说的战略性薪酬管理。

G 公司作为曾经的一家国有企业，与一般的私营控股企业相比，其薪酬政策和薪酬模式都存在一定的限制。后面在改制为私企后，公司的整体薪酬设计仍然保持了原有的状态，没有大的改变，存在诸多问题，例如：（1）付薪依据不明确；（2）通道单一，等级观念主导分配；（3）薪酬市场化程度较低等。这些问题决定 G 公司在薪酬体系和薪酬制度上必须做出更多科学合理的安排，来稳定公司的人才队伍。就这样，一套薪酬体系改革的组合拳打了下去。

（一）制定科学的薪酬政策

为了解决付薪依据不明确的问题，G 公司在改革中将曾经单一的薪酬模式转变为复合型薪酬模式，由固定薪酬和浮动工资相结合。固定工资的付薪依据主要是员工的岗位性质、技术难度和工作地域等相对确定的因素，定期为员工核定并发放薪酬。此外，员工的薪酬还会随着宏观经济发展、行业趋势、公司战略等方向进行动态调整，并综合考虑员工在考核期内的绩效水平，这就是所谓的浮动工资。

考虑到 G 公司的员工大多偏向于专业技术类群体，在改革中，公司结合自身行业特质还开发出一套适用于技术人员的专业技术等级评价体系，经过小范围的试点后在公司内部正式铺开。这不仅为员工的薪资标准提供了明确的参考指标，同时也有助于员工职业发展通道的打通，员工知道自己应该做什么、如何做以及做得好会怎么样，而不再是像从前那样盲目努力。此外，G 公司为进一步拓宽员工职业发展通道，为公司储备不同层级的人才，按照不同关键领域员工群体，搭建基于员工能力、业绩的双提升职业发展通道，并成功完成任职资格体系、培养体系、评定体系及激励体系的全流程体系搭建，实现评定工作常态化运行。

（二）提供有竞争力的薪酬水平

明确了付薪标准还不够，想要留住员工还需要提供有竞争力的薪酬水平。在此前，G公司的薪酬水平虽谈不上高，但始终跟随市场的薪酬水平，现如今，面对同行挖人的情况，提高公司的薪酬水平成了当务之急。

G公司的加薪通知非常简单，也没有任何套路，一纸《关于公司全员每人每月加薪1000元的通知》下发后，获得了全体员工们一致的拍手叫好。根据该通知内容显示，自2018年1月起，G公司将在现有月工资的基础上，对入职满半年的所有员工每人每月加薪1000元。这样一来，公司2万名员工的平均薪酬水平将达到10.4万元每年，虽然这并不是员工到手的全部收入，但是和当年本地区非私营单位就业人员平均工资的9.4万元还是高了不少。此外通知还提到，尽管目前整个家电行业的盈利能力在持续下降，但公司还是愿意为员工平均加薪1000元，这不仅是为了应对通货膨胀的举措，同时也是让员工分享公司发展成果的战略行动，给员工加薪是对员工价值的肯定，也表达了公司对员工长期奉献的关怀与感谢。看到这些话，员工们心里多少也有些触动，大家都知道公司现在不容易，但还是愿意咬咬牙给员工们加薪，许多员工在心里暗暗想到："为了公司，今年我一定要好好冲冲业绩。"

半年后，G公司又根据不同岗位对员工进行了薪资调整，这次的薪资调整在具体的执行方案上有所不同，并不是对所有员工的普遍加薪，而是针对不同的岗位类型采取了不一样的加薪标准，同时与此前制定的薪酬评价体系进行挂钩。例如，技术岗位按照等级评定结果来加薪；管理岗位按照绩效和工作表现来加薪等。这样的安排更能产生激励效果，同时也更加合理公平。总的来说，G公司本次增薪额度达到了2亿元左右，按照G公司现有员工数来算，平均每人加薪也接近了1000元左右。

在公司的年终总结会上，董事长说道："我们不能让员工自己要求涨工资，这说明员工还不满意，公司做得还不到位。我们要主动加工资，甚至还要超越员工们的期望，因为这是一家企业的责任，如果因为企业的成本上升就挤压劳动力成本，这样的企业放在市场上也是毫无竞争力的！"话音刚落，台下又响起了经久不息的掌声……

（三）提供温暖人心的员工福利

G公司走多元化的道路，除了需要有较强的自主创新能力，更需要有拼劲、有情怀的员工，G公司的董事长也表示，绝对不会亏待这些日夜奋斗的员工们。为了更大程度地激励员工们的积极性，G公司也设计了一系列温暖丰富的福利举措，除了为员工创造良好的工作和生活环境以及足额缴纳五险一金等基本措施外，G公司还为员工提供免费上下班车、免费午餐、节假日慰问金、中晚班津贴、工龄津贴、夏季高温津贴等。此外，公司还为那些积极上进的员工提供了丰富的员工培训，同时也为在职员工的学历教育提供了一定额度的费用报销。

更为轰动的是，G公司董事长提出，要保证本公司员工一人一套房，力求员工与公司共进退、共发展。一开始，很多人并不相信这样的话，直到2018年8月，G公司投资20亿元打造的人才公寓正式奠基，员工们才知道，这回公司是"动真格了"。可以说，G公司为了解决员工的后顾之忧，使出了浑身解数。

G 公司在薪酬管理上，制订科学而合理的薪酬政策，采用有竞争力的薪酬水平策略，并努力通过给予员工各种不同形式的福利来提升员工们的获得感和幸福感，这些举措都是为了进一步提高员工们的积极性。在接下来的一年里，G 公司的员工都铆足了干劲，力争帮公司干出一番大事业来，笼罩在公司上下的阴霾一去不复返，取而代之的是员工们的喜悦和拼搏。这样的努力也没有让公司失望，一方面员工的业绩逐渐做大做强，另一方面外部市场也认可了 G 公司这一系列改革措施，G 公司的股价在这一年也水涨船高。看着公司年度财务报告上，净利润比上一年增加了 27%，久违的笑容也重新出现在 G 公司董事长的脸上。

六、好景不长

一年过去，当公司上下还沉浸在一片祥和的气氛时，一份最新的 2019 年下半年财务报告交到了董事长的手上。

不知为何，和 2019 年上半年相比，下半年 G 公司的净利润不增反降，公司股价也一直处于波动状态，甚至比半年前还有所下跌。此外，公司员工好像又回到了改革之前的状态，不再被加薪所激励，也渐渐失去了当时的拼劲。更有甚者还在公司里说些闲话，说公司的加薪是摊大饼、平均主义，明明有的人贡献少，能力也低，还获得了和贡献大的员工一样的加薪，那我们干吗还那么积极工作，公司这样分配明显不公平，这样的加薪标准也不合理。

G 公司曾经闹得如火如荼的分房政策。在员工这里也变得不温不火，大量的员工甚至都不愿意参加公司的分房政策，问其原因，员工们都表示，公司虽然嘴上说的是一人一套房，但是实际上还有很多附加条件，例如要求员工连续两年的绩效考核都达到 A，或者是在公司工作满 5 年以上才有分房的资格，分了房也不代表房子就变成自己的了，还要等员工在 G 公司退休后才能获得房子的所有权，这哪里是给员工一个温暖的家嘛，这明明是把员工困在公司里的一个牢笼，这样的房子，不住也罢。

面对公司业绩的倒退和员工积极性的下降，董事长再次陷入一筹莫展的状态，他连忙召见公司人力资源管理部的夏部长，让他从专业的角度分析一下公司薪酬改革存在的问题。夏部长也洋洋洒洒说了一大堆。

首先是加薪的问题。一开始 G 公司给公司员工普遍加薪 1000 元，后来则是平均加薪 1000 元，这就导致一个问题，如何去平衡员工的加薪幅度？公司的中层员工晋升机会多，工资水平也高，加薪 1000 元并不一定能带来多大的激励作用，而对于基层员工来说，他们的晋升机会少，且工资水平也低，尽管加薪能为他们带来短暂的激励作用，但是时间一久，曾经加薪时带来的那份感动和喜悦也会逐渐消退。更何况，公司中更主要的核心员工还是那些中层，他们为公司带来的价值更高，在加薪幅度上谈平均主义只会让他们觉得自己的贡献没有被好好衡量，这样下去也难免有怨言。对于一家公司而言，带来 80% 业绩的往往是那些绩效考核中前 20% 的员工，公司的激励举措也应向他们倾斜，只有这样才能发挥更大的激励效果，给公司带来的业绩提升也更大。

第二，根据赫茨伯格的双因素理论，公司的薪酬水平只能称得上是保健因素，也就是说当这些因素被满足时，员工不会感到不满意，但也不会感到满意，或者是不会受到激励。薪酬除了满足内外部公平性外，还应满足个人公平性，当员工对于先前的工资不满意，此时的加薪只会让员工觉得是自己应得的，如此一来又何谈激励？为了激励员工，公司必须强调激励因素，包括成就、工作认可、晋升、成长等，否则仅仅是加薪等保健因素给员工带来的激励必然会是短暂的。

第三，薪酬也具有一定的刚性，也就是说，能上不能下、能加不能减，福利待遇也是一样。即使员工自身的价值下降、贡献减少，公司也不能轻易给员工降薪，一旦降薪势必会给公司带来更大的波动。这样的刚性意味着公司在给员工加薪时必须综合考虑自身的发展前景和支付能力，否则带来的巨大人力成本也只能由公司自己来扛着。

第四，加薪意味着企业人力成本的提高，如果不解决加工资就是加成本这个矛盾性很强的问题，主动加薪机制依然难以在多数企业建立起来。对于 G 公司而言，由于自身的增长渠道尚未打通，公司利润主要还是空调业务在苦苦支撑，加上公司大手笔地给员工加薪，此外的员工福利还需要投入大量的资金，企业的人力成本早已接近企业固定成本的上限。如今企业盈利能力下降，利润也在下降，最终的结果要么是员工的工资加不上去了，要么是公司难以持续经营下去，这是一种无法持续的恶性循环。

七、前路漫漫

听完夏部长的一番解释，董事长再一次陷入沉思之中，明明自己是一片好心想要为员工们谋取更好的待遇和福利，为什么还得不到员工们的认可呢？好不容易让公司有了一点起色，现在又一夜回到从前，看来激励员工还真不是一件容易的事啊。看到董事长愁眉苦脸的样子，夏部长也于心不忍，告诉董事长说，自己回去运用专业知识为公司提几条员工激励的建议。几个月后，在董事长和夏部长的推进下，一系列新的员工激励措施再一次在公司铺展开来。

由于员工不再满足于高薪，这一轮的员工激励改革不再基于传统的薪酬和福利，G 公司借鉴了其他大型公司的激励方案，推出了本公司的员工持股计划。员工持股计是公司员工出钱认购本公司部分股份，并委托公司相关机构代为集体管理的股权组织形式，一般而言，员工认购股份的价格会低于市场价，公司通过员工持股计划可以激励员工与公司一起成长。

从基本情况来看，G 公司此次员工持股计划覆盖的员工接近 3000 人，主要的参与者包括经股东大会评估对公司整体销售业绩和中长期业绩有关键影响的高级管理人员、中层干部和核心员工。且该草案计划回购公司股份的股价等于公司回购部分社会股份价格的一半，也就是说员工仅需花一半的钱就能买到公司的股份。此外，这次员工持股计划也设置了相应的绩效考核指标，在考核期内需要公司绩效指标和个人绩效指标达标才能获得股份分红。

可以看到，G 公司的员工持股计划更加偏向于对公司有较大贡献的中层员工，这样能发挥更大的激励作用。同时让员工持有股份也摆脱了薪酬激励的单一作用，对于员工而言，只有公司发展得好，自身才能获得更大的利益，这样也能使得员工更加关注公司的长期利益。此外，通过员工持股计划，也进一步控制住了 G 公司人力成本的进一步增加。可以看出，这次的改革董事长和夏部长都狠下了一番功夫，刀刀见血。

随着整套员工持股计划在公司中推行下去，G 公司的董事长又恢复了往日踌躇满志的神态，他相信这次的改革一定能让公司重新回到正轨上。可是前路漫漫，在这一次的改革之路上，G 公司又会遇到哪些问题呢……

案例使用说明

1. 教学目标规划

（1）学会分析组织变革的驱动因素，以及组织结构与组织变革之间的匹配关系。

（2）基于案例中 G 公司员工激励措施的失败，对整个案例进展进行深入解析与评判，同时分析 G 公司员工激励措施存在的问题。

（3）学会通过薪酬和福利模式的调整，设计企业的员工激励体系。

2. 课堂讨论题

（1）请你以 G 公司人力资源部长的身份，结合专业知识为 G 公司设计更为合理的员工激励措施。

（2）除了夏部长提到的几点不足，你认为 G 公司的员工激励措施还有哪些不足？

（3）与薪酬相比，提供员工福利有哪些好处？如今有哪些员工福利的新形式？

（4）员工持股计划可能存在哪些问题？

（5）请结合 G 公司的实际情况，为 G 公司思考一条更为合理的组织增长之路。

3. 启发思考题

（1）除了多元化战略外，还有哪些组织变革战略？

（2）请结合专业知识，谈谈不同的领导风格有哪些优缺点。

（3）为员工提供更高的薪资和福利水平，员工就会更加感到激励吗？为什么？

（4）如何做到组织战略和组织结构相结合？

（5）简述员工持股计划的作用。

4. 拓展阅读

（1）组织结构与战略匹配理论。最早对战略与组织结构关系进行研究的人是美国学者钱德勒，其提出"组织结构服从于战略，公司战略的改变会导致组织结构的改变，最复杂的组织结构是若干个基本战略组合的产物"，即企业要有效地运营必须将战略与组织结构相匹配。只有使其相匹配，企业的目标才能顺利实现；与战略不相适应的组织结构将会限制、阻碍战略发挥其应有的作用。另一方面，如果在组织结构上没有重大的改变，那么也就很难在战略上发生实质的改变。综上所述，企业应当根据外部环境的要求去制定发展战略，然后根据新制定的战略来调整和改革企业原有的组织结构。

（2）双因素理论。赫茨伯格的双因素理论（也称激励—保健理论）认为内在因素与工作满意度相关，而外在因素与工作不满意度相关。满意的方面并不是传统所认为的不满意，消除了工作中的不满意特征并不一定会使个体对工作更加满意（或者受到激励）。此外，赫茨伯格认为导致工作满意和不满意的因素是彼此分离、有所区别的。因此，管理者设法消除带来工作不满意的那些因素，能够使员工不会感到不满意，但却不一定能够对他们有所激励。导致工作不满意的外部因素称为保健因素，包括监督、公司政策、工作条件、工资、与同事的关系等。为了激励员工，应该强调激励因素，也就是增加员工满意度的内在因素，包括成就、认可、责任、晋升、成长等。

参考文献

［1］冯昭．格力如何跳出兴衰周期律．中国品牌，2022，17（06）：64-65.

［2］曲小昀．家电企业的多元化转型之路——以格力电器为例．经济研究导刊，2022，18（15）：7-9.

［3］吴烨，张博坚．传统权威型领导在现代化进程中的发展与展望．甘肃社会科学，2021，43（05）：185-190.

［4］沈凡莘．浅谈员工有效激励体系和方法．企业管理，2017，38（S2）：44-45.

［5］张成露，文跃然．困惑：给我钱，不要认可——基层员工的认可激励探讨．中国人力资源开发，2015，32（02）：33-36.

当福利成为"银行账户"
——Y 企业的员工福利变革之旅

【摘要】人才是当代企业极为重要的一项资源。企业对于人才的重视体现在企业管理的方方面面，而其中员工福利，就是企业吸引和留下人才的重要手段。在 21 世纪的当下，新生代员工们越来越注重工资以外的福利待遇。好的福利管理能够使企业人才培养如虎添翼，而不尽如人意的福利条件将很有可能成为员工离开企业的原因之一。本案例以 Y 企业的福利变革为例，讲述了 Y 企业如何审视过往福利管理中存在的问题，以及如何针对性地改良福利方案，探索了员工福利体系的建设问题，引发了对于新时代背景下员工福利管理变革的思考。

【关键词】福利体系设计；福利管理；激励理论

公司的会议室中，气氛凝重。人力资源部的各位同事低头看向自己手中的报告内容，而人力总监赵晶正站在会议室的最前方，也是一脸神色凝重。两边的人士都没有开口说话，直到赵晶的一声叹气，打破了这份沉默。她敲了敲投影屏上显示的数据——上个月，她们部门刚刚对公司进行了员工福利满意度的调查，随机抽取了几百名员工进行谈话。但显然，调查的结果并不如她们所想的那般理想。员工对于公司的 23 项福利在满意度上存在较大差异，其中，员工对娱乐中心和健身中心等场所的建设表现出了非常不满意的态度。公司在福利方面投入了不少成本，这个调查结果却不是那么能够令人乐观。显而易见，她们和员工之间存在对于福利管理的分歧意见。福利管理是企业人力资源管理中不可或缺的一环，自然不能放任这种结果继续下去，那么，究竟该从何入手寻找问题所在呢？赵晶看向同样神情忧愁的同事们，不由得把目光转向了窗外，陷入了思考……

一、公司简介

Y 公司是一家知名药业公司，于 1966 年在株洲市创立。公司创立初期一直到 20 世纪 80 年代，始终面临经营不善的困境，直到 1993 年完成改制以后，公司才明显走上了蓬勃发展之势，并且在 1998 年成为了全国中成药重点企业 50 强。经过不断努力，公司终于于 2004 年在上海证券交易所上市，其商标"千金"也被认定为中国驰名商标。2019 年，Y 公司跻身湖南企业 100 强，成为湖南省内第一的大中型中药制药企业。就在 2021 年，Y 公司还被全国妇联授予了"全国巾帼建功先进集体"称号。

成为女性医药领域内的龙头优质企业是 Y 公司这么多年以来一直努力奋斗的目标。经过多年的艰苦奋斗，已经让 Y 公司形成了完备的产品体系，其产品可以涵盖中药、养生、卫生用具、女性酒饮等多个系列。Y 公司的各类知名药品品牌已经在女性群体中打出了不小的名声，这些知名药品包括妇科千金片、补血益母颗粒、八珍益母片、小儿七星茶等。除此之外，Y 公司没有怠于科研，而是依然投入大量资金对药品进行研发。截至去年，Y 公司现有发明专利 206 件，专业药品生产批文 50 多个。Y 公司当前拥有 4000 多名员工，以技术和销售型人员为主。

从 Y 公司员工的年龄结构来看，公司目前年龄在 30 岁以下的员工为 1882 人，占比接近一半，可以看出 Y 公司的员工队伍现阶段主要以中青年为主。从学历结构来看，Y 公司当前学历在大专及以下的员工占比超过了 70%，高学历员工主要集中在高管层和技术研发部门，而一线基层员工的学历普遍较低。Y 公司员工的年龄结构如表 1 所示，其学历结构如表 2 所示。

表 1 员工年龄构成

	25 岁以下	25~30 岁	30~35 岁	35 岁以上
人数	1865	846	903	182
比例	49.1%	22.3%	23.8%	4.8%

表 2 员工学历构成

	大专及以下	本科	硕士及以上
人数	2978	822	72
比例	76.9%	21.3%	1.8%

二、Y 公司员工福利现状

要想改进福利体系现在存在的问题，就必须先对公司现有的福利体系进行完整的了解。Y 企业的员工福利可以分为法定福利和非法定福利来进行说明。

首先是公司的法定福利，主要指"五险一金"。"五险"指的就是国家法律明确规定的医疗保险、养老保险、工伤保险、失业保险和生育保险；"一金"指的就是住房公积金。Y 公司对全体员工都提供了法定福利，其中工伤保险和生育保险由公司全额承担，其余保险由员工和企业共同承担。

其次是公司内提供的非法定福利。Y 公司的非法定福利可以分为经济性福利、娱乐性福利、工时性福利和设施型福利四大类型，一共拥有 23 项福利。Y 企业的非法定福利如表 3 所示。

福利类型	项目数量	福利项目
经济性福利	9	员工健康检查、住房补助、交通补助、电话补助等
娱乐性福利	4	节庆活动、年终晚会、运动会、旅游考察
工时性福利	3	弹性上下班、弹性工作制、节假日
设施性福利	7	餐厅、宿舍、娱乐中心、健身中心、员工通勤车

表3　　　　　　　　　　　　　　非法定福利项目

根据调查结果显示，员工各项福利之间的满意度存在较大差异。其中，员工最满意的福利是宿舍条件，在住房补贴、伤病慰问、生日礼品上的满意度也比较高，而员工非常不满意的福利项目则集中于各类设施，如医护室、娱乐中心，健身房等。

三、"要得太多"还是"给得太少"?

为了了解 Y 企业福利管理方面真正存在的问题，赵晶决定腾出一些时间，对本次调查反映的情况进行一个专门的调查。赵晶首先抽取了一些参与了本次满意度调查的员工进行谈话，了解他们究竟如何看待公司的福利体系。一开始，赵晶以为员工很大可能是对公司给予的福利项目有所不满，想要了解他们的需求，但是在谈话过程中，赵晶却发现了一些其他的问题……

首先，企业和员工对于员工福利的认知都不够清楚。这体现为以下几个方面：一是企业宣传没有做到位。赵晶在与员工谈话的时候，有些员工在被问及"知道公司有哪些福利吗?"的时候，除了五险一金以外竟也说不出来几个福利项目，根本不了解公司福利的具体情况和享受标准，又谈何享受员工福利? 二是与员工的沟通没有到位，新增的一些福利项目根本没有考虑到员工的需要。在谈话过程中，有些员工对娱乐中心的设备进行了吐槽，表示"其实很多设施员工使用的频率很少"。赵晶认为，这可能是因为企业把福利管理交由人力资源部来推进，出于对成本的考虑，公司在制定员工福利的时候并不会与员工协商，所以在福利项目的供给和需求匹配上出现了缺口，导致了一些福利项目资源的浪费。另外，沟通不到位的问题甚至还会导致员工对企业产生误解，单方面的认为公司没有完全提供他们应得的福利。三是员工自身想法也存在问题。一些员工认为福利就是他们收入的一部分，企业必须给予员工这些福利，并且每个人都要享受到同样的福利，这与赵晶设计福利项目的初衷相违背。

其次，赵晶也承认，在福利设计上，福利的需求和供给之间确实存在着一定缺口。员工会对公司提供的一些福利项目抱有非常大的期待，但是公司却并没有满足他们的这些期待。人力资源部门的调查结果显示，在餐饮补助、娱乐中心等方面，公司给予的福利水平没有满足员工的预期，这些应当作为公司福利重点改进的目标来加以改善。

此外，还有一点令赵晶担忧的问题——那就是公司一直以来的员工福利成本居高不下。员工福利与工资不一样，具有一定的税收规避的特点。进入新时代，一种"以人为本"的管理思想开始广为流传，Y 公司在员工福利方面也加大了投入，保证在福利水平上绝不落后于市场水平。但是随着公司规模不断扩张，员工数量不断增加，公司的福利项目开支便开始呈现出了力不从心的形势。如果不对福利项目成本加以控制或是改进福利体系，长此以往，终将成为公司沉重的负担。

谈话员工们七嘴八舌，提了不少对福利的意见，赵晶的笔记本上也是写得满满当当。站在员工的角度，他们想得到更满意的福利体系；站在公司的角度，对员工意见毫无底线地加大投入，"有求必应"，也是不现实的。赵晶决定先展开一场更为细致的调研，明确福利缺口到底在哪里，找到重点突破的地方来进行改进。可究竟如何平衡公司与员工之间的福利供需关系，又该如何优化现有福利体系，依然是一个难题……

四、重塑制度展新颜

在对详细调查结果分析和思考后，赵晶心中有了一个方案的雏形……她决定开始着手对公司的福利体系进行优化。

赵晶首先是明确了优化的目的。优化的目的其一是向员工传达公司以员工为导向的福利理念，有助于公司福利体系建设的推行；其二是结合调查结果显示的员工实际需求，提高公司福利方案的有效针对性；其三是对公司的福利支付成本进行控制，减少资源浪费；其四是优化后的福利体系要为公司战略发展目标提供支持。

通过调查，人力资源部发现：当前的员工福利体系与其实际需求相比，一方面，既有需求和供给相一致的地方；另一方面，也有需求和供给不一致的地方。综合 Y 公司的现状，赵晶认为弹性福利制是一种行之有效的解决途径，该提案的具体操作如下：

第一，法定福利和公司原有的部分福利作为核心福利项目，是福利方案的必选项。根据法律规定，为员工提供法定福利是企业应该尽到的义务和责任，也是员工生活的基础保障，因此将这些项目作为福利方案里的必选项目，保证员工的基本权益。

第二，另外设计福利项目作为可供员工选择的弹性福利项目。Y 公司本身就存在着员工需求和公司供给部分不一致的情况，而要求公司逐个了解员工所需也不太现实。员工本身就是最了解自身需求的人，让他们结合自身以及家人们的需求进行选择，每个人都可以做出最适合自己的福利方案组合。为此，需要以部门为单位，对员工对福利的意见进行摸底调查，由部门汇总提交给人力资源部，再由人力资源部的人员筛选出员工们关注度和需求度高的项目，并综合考虑公司情况，形成具体的弹性福利项目方案。

第三，考虑到 Y 公司面临的福利成本问题，可以适当增加员工自助型项目。这种员工自助型项目最大的特点在于可以借助外界已有的社会资源来为本公司提供员工福利。Y 公司除了依靠自身资本向员工提供福利以外，还可以与各类社会组织和企业达成合作来增加员工福利。比如，可以与电影院和商城进行合作，给员工提供购物或是观影的优惠折扣；与一些休闲娱乐场所协商，让员工能够享受价格低廉的娱乐服务等。优化后的福利体系将采用员工弹性福利账户的制度。人力资源部将为每个员工设立独立的福利项目积分账户，发挥类似"银行账户"一般存取福利积分的作用。员工的账户将按月划入积分，员工可以用这些积分来选择他们想要的福利项目。选择福利项目以后，相应的积分会被扣除。如果账户内剩下的积分不足以支持员工享受其选择的福利，员工可以放弃选择或是用现金补齐。Y 公司的弹性福利项目如图 1 所示。

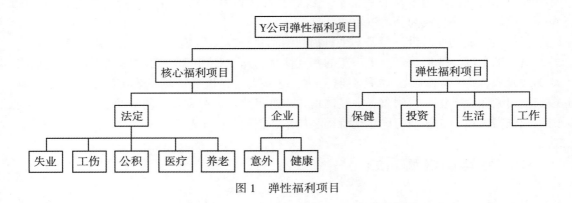

图 1　弹性福利项目

　　员工的福利积分构成分为三部分，分别是基础积分、工龄积分和奖励积分。基础积分就是每个月根据员工当月的工作绩效来进行确定；工龄积分是按员工成为正式员工以后服务于公司的时间来计算，服务满一年可获得 100 积分；奖励积分会根据更为细致的奖励情况来确定。

　　在具体开始实施福利账户制度之前，还应该对各项福利项目进行定价，确定每项福利的数量和对应的积分价格，通过对福利项目定价来明确各项福利的价值。公司要明确积分与货币之间的对应关系，一般情况一个积分对应一元的真实货币。对于补助类的福利项目，公司可以直接按照市场同类服务的价格来确定；而对于那些可以直接用货币进行量化的项目，包括学习培训费用、娱乐活动开销等，可以直接用货币进行量化。如果是比较难用货币进行衡量的福利项目，需要按照福利项目的具体情况进行讨论研究，最后形成相应的积分价格。在完成福利项目的定价以后，为了确保福利项目价格的合理性，公司还可以请求一些外部专家的帮助，邀请他们来对公司项目方案进行综合评价，帮助进一步改进福利方案。另外，在制定价格的过程中，人力资源部还可以请求其他部门，如市场部门、物价部门等的帮助，咨询有关事项，作为定价的参考。员工福利项目的部分定价表如表 4 所示。

表 4　　　　　　　　　　　　　　**员工福利项目定价表（部分）**

项目类型	福利内容	积分价格	数量
生活保障型	儿童看护	100 分/次	400 份
	子女教育补助	2000 分/年	500 份
	子女夏令营	1000 分/次	400 份
工作便利型	日常生活补贴	500 分/年	2000 份
	食宿补助	2000 分/年	2000 份
	交通补助	1000 分/年	2000 份

续表

项目类型	福利内容	积分价格	数量
投资计划型	培训费用报销	100 分/年	300 份
	MBA 教育	500 分/年	100 份
	在职专升本	500 分/年	100 份

五、稳扎稳打步步推

确定了员工福利的优化方案以后，如何推行实施便成了头等大事。如果确定好的福利方案没有办法得到有效执行，那么就会变成纸上空谈。赵晶决定按照以下几步来推进公司福利方案的更替。

首先，在公司范围内对全体员工进行培训。之前的薪酬方案引起员工不满很重要的一个原因就是与员工的沟通不够到位。进行全员培训有两方面目的：一是在正式实施新的福利方案之前，先获得员工的支持与认可。公司的任何新方案都不可能毫无征兆地开始运行，通过培训就可以很好地让员工做好变革前的准备。二是旨在通过培训，让员工对福利以及新的改进后的福利方案有更进一步的了解，同时将整个福利的定价细则和规章制度透明化。一方面，激励他们通过自身的努力多赚取积分以享受更加优质的福利，积极响应和参与到福利体系改革中来；另一方面，详细地为员工介绍公司的福利体系，能够更好地避免再次出现诸如"沟通不到位""员工对福利项目具体内容了解不充分"等问题，让员工充分了解改进后的福利方案。

其次，在公司内部由点到面地对新福利方案进行过渡实施。新的福利方案终究是一个新事物，要员工马上适应是不太现实的，任何制度的变革都需要一个充分的过渡时期，让员工逐步适应并且过渡到新的阶段。在这个时期，公司可以先选定一些部门进行试点推行，根据员工反馈再进行全面推行，保证员工充分了解新旧福利方案的差异以及优劣所在，帮助之后更好地落实。此外，过渡实施时期还能够帮助人力资源部门发现一些潜在问题，及时对方案进行修正。这个阶段不宜太久，赵晶预计设置两到三个月完成从旧方案到新体系的过渡。

最后，经过不断的修正完善之后，在 Y 公司内部正式实施新的福利体系。一套方案的制定可能经过了重重检验和仔细考量，但并不意味着它就是完美无缺的，在实际推行过程中，特别是在过渡实施的阶段，会显示出一些需要改进的问题来。因此，在过渡阶段，人力资源部会通过组织讨论、访谈对话、问卷调查等形式，将员工对福利改进方案的意见和建议充分收集，针对性地对福利方案进行进一步的完善。然后在一切准备就绪后，就可在公司内部正式全面推行。正式实施以后要注意应当配置有相应的规范和标准细则，保证福利体系公开化、透明化，保证公平性；实施过程中仍旧还要注重与员工之间的交流，确保员工反馈有道，以便人力资源部门更好地了解新福利体系的实行情况，保证以后不会出现因为沟通不足而导致的各类问题。

六、阴霾散去光复还

经过上述对福利方案的改进后，新的福利方案终于在公司内逐渐开始推行。面对过渡阶段交上来的反馈意见，虽然仍旧有部分员工对新的方案表现出了不适应的状态，但总体来看，大部分的员工都对新的福利方案充满了热情，表现出了愿意接纳新方案的积极态度。

赵晶听到部门经理的汇报，总算是松了口气，想着在福利管理这一块，有过困难和困境，但也总算是最终迎来了曙光。公司高层把福利方案全权交给人力资源部负责，是信任，也是压力，好在赵晶交出的答卷也没有让公司失望。现在，Y公司的新福利方案正在稳步推行中，激励着员工。未来，或许新的福利方案可能还有需要改进的地方，但此刻赵晶望着窗外的风景——今天午后下了场阵雨，密布的乌云在此刻却也逐渐散开，露出来片片光芒。她想，Y公司经历过这么多风风雨雨，却都也挺过来了，守得云开见月明，未来一定是光明的……

💬 案例使用说明

1. 教学目标规划

（1）了解公司制定福利制度的理论基础以及弹性福利制的制定过程。

（2）通过深入分析Y公司福利体系改革方面遇到的困境，指出在企业中存在公司与员工福利供需不匹配的原因。

（3）让学生们了解，Y公司为了改进福利方案所采取的措施，人力资源部门如何围绕"以人为本"的设计理念改进福利方案，思考在福利改革困境中应该如何分析与应对。

2. 课堂讨论题

（1）Y公司出现福利满意度差异大的原因有几方面？可以分为哪些层面进行分析？

（2）在案例中提出的弹性福利方案与原先的方案相比，优势在哪里？

（3）运用需求层次理论，分析Y公司的福利制度是如何满足员工需求的？

（4）对于员工对以往福利制度不满的情况，若是你，会如何应对？除了弹性福利账户以外，还有其他的解决思路吗？

（5）在新福利方案的推行过程中，应该从哪几方面保障其顺利实施？

3. 启发思考题

（1）Y公司在福利体系制定方面出现的问题，你认为最主要是哪方面原因？针对这些问题，你会如何来解决？

（2）你认为在案例中，赵晶发现的问题都已经得到解决了吗？如果还存在没有得到改进的问题，是哪些？你会怎么解决？

（3）公司福利制度的制定有哪些理论依据？

（4）若是由你来设计福利项目，会包含哪些项目？分为哪几大类？

（5）福利项目是越多越好吗？福利项目的设计应该注意哪些问题？

☑ 参考文献

[1] 凌超. X 药业公司员工福利体系优化研究. 湖南工业大学, 2018.

[2] 袁建玲. 企业弹性福利计划实施路径分析. 交通企业管理, 2020, 35 (05): 61-63.

[3] 张一涵. 弹性福利计划对我国的启发. 经济管理文摘, 2020, 4 (14): 110-111.

[4] 胡阳, 夏彩云. 弹性福利——当代企业员工福利的创新. 改革与战略, 2011, 27 (06): 160-162.

[5] 孙永勇, 石蕾. 从员工满意度看国有企业福利制度改革. 北京航空航天大学学报 (社会科学版), 2018, 31 (04): 83-90.

内忧外患——LK公司如何走出困境

【摘要】LK煤矿有限公司（简称LK公司）是一家股份制的国有企业，企业部门结构健全，管理相对粗放。公司发展前期，企业销售量高和业务较广，企业效益好。粗放式管理的问题尚未出现端倪，但是，近几年，煤炭行业不景气，企业效益不断下滑，企业内部矛盾开始浮现，并且不断恶化，员工内部矛盾凸显、核心员工流失、基层员工冗余等问题层出不穷。面对内忧外患，公司总经理老刘提出来，必须对企业进行改革，及时调整企业发展方向，稳定企业局面，跳出困境，实现企业转型与升级。为了解决燃眉之急，LK公司首先对企业的薪酬体系进行改革，改革之路拉开帷幕。

【关键词】薪酬改革；薪酬体系设计；企业转型

一、公司介绍

"去产能，促进产业升级"，对于国家经济可持续发展是意义巨大的，但是对于煤矿等传统能源行业的打击确实致命的。LK煤矿有限公司作为煤矿企业，遭受这一外部变化对其的致命打击，由于行业低迷和政策的发展走向，从效益良好快速发展的龙头企业，变成了连年亏损的国家帮扶企业。由于外部环境的变化，企业效益下降，员工利益受损。一方面，企业为了维持运转，需要控制人工成本；另一方面，企业收益影响员工受益和员工的工作积极性，为了激励和保留员工，LK公司迫切需要改革薪酬制度。

LK煤矿有限公司地处贵州省。原LK公司为集体企业，1996年投产，2004年改革后，变为股份制，由中国煤炭××集团有限公司和××煤业公司共同控股，属于股份制公司。公司的主营业务是煤矿开采，副业是进行煤矿开采相关机电设备和零件的研发与制造。产能约5亿元/年，占地面积约为150亩。

现有在职员工1000余名，其中专业技术人员在全体职工中的比例约为30%；根据学历划分，有博士6人，硕士92人，本科380多人，本科以上学历职工占在职职工总数的将近40%；根据岗位划分，管理人员260人左右，研发人员100人左右，生产人员480人，销售人员将近300人。企业各部门机制健全，企业业务量较大，效益较好。

从2005年到2012年，由于公司改制，激发了公司的活力，提高了公司效率，同时，由于这段时间煤炭行业正处于上升期，给LK公司带来了发展机遇，这一时期，企业效益好，LK公司业务扩展，飞速发展，规模也得到了迅速扩张，公司业务的重心在煤炭挖掘上，企业的人力资源管理也相对粗放。为了适应公司规模和业务的发展，LK公司内部的人力资源结构也进行了相应的调整。首先，为了适应业务的扩展，公司扩大了人员招聘的数量，企业职工人数迅速增长。其次，招聘人员的年龄结构大多偏年轻化。目前，企业中 35 岁以下的青年职工占总职工人数的 65%。但是，由于 2013 年以来煤炭行业开始走向低迷，加上国家"去产能"政策号召，以及国际清洁能源的冲击，LK 公司的业务开始萎缩，销售收入开始下降，连续几年出现负增长现象，2016 年开始出现亏损。由于 LK 公司的薪酬体系是与销售收入挂钩的，员工收入也受到了极大的影响，导致企业人心动荡，核心员工流失的同时，基层员工冗余的现象也很严重，企业目前的薪酬管理制度已经不能掌控公司目前的局面，薪酬改革迫在眉睫。

LK 公司的组织架构属于严格的层级架构，设有董事会和董事长。董事会对企业的重大决策具有决定权，公司的重大财务、人力资源以及战略选择都需要向董事会上报，董事会表决通过后才能实行。董事长下设有总经理进行管理，总经理主要负责公司的战略选择和企业运营，总经理之下设有两名副总经理李总和王总、总技术工程师赵工以及总矿长孙矿长。一共设有 7 个部门，分别是，党建部，财务部，综合行政部，人力资源部，生产部，销售部，后勤保卫部，每个部门设有一名部长，两名副部长。一共有 8 个矿区，每个矿区分别设一名矿长，矿长的直线上级为孙矿长。李总分管党建部、财务部以及综合行政部；王总分管人力资源部、销售部；赵工主要负责生产部以及后勤保卫部；孙矿长主要负责 8 个矿区的日常管理。

LK 公司有三大薪酬体系，其一是针对管理人员和技术人员的，其二是针对生产人员，其三是针对销售人员。

（一）管理及技术员工的薪酬结构和水平

除了公司高管采用年薪制，其余中层和基层的管理人员和技术人员的薪酬都是由四部分组成。

第一部分是基础工资。管理人员和技术人员的薪酬体系中的基本工资是指岗位工资，是根据岗位性质、岗位职责以及工作年龄等因素来确定，岗位工资一共包括 4 个岗位（正科、副科、正主任、副主任）4 个等级。各级岗位工资见表 1。

表 1　　　　　　　　　　管理技术类员工岗位等级工资表　　　　　　　　　单位：元

岗位/等级	一	二	三	四
正科	7500	7200	6900	6700
副科	7000	6700	6400	6100
正主任	6500	6200	5900	5600
副主任	6000	5700	5400	5100

第二部分是绩效工资。绩效工资与个人绩效考核挂钩。绩效考核主要是指出勤，以及上级主管的考评。不同的考评等级，采用不同的绩效工资系数，见表 2。每个岗位的绩效工资的基数为其岗位工资的 10%。

表2   **管理技术类绩效工资系数**

绩效考核等级	绩效工资系数
优秀	1
良好	0.8
及格	0.6
不及格	0.4

第三部分是奖金。奖金的发放主要与部门绩效考核以及公司利润挂钩。年终奖金包括两部分：其一是以个人月工资为基数、部门考核等级为系数的奖金；其二，会根据当年的利润实现情况进行分红，大约是基础薪酬的0~3倍。由于近几年，公司效益一直下滑，甚至出现亏损，奖金中的第二部分近几年都未实现。

第四部分是福利部分。除了法定五险一金的缴纳，LK公司还有交通补贴、通讯补贴，以及各类津贴等。

管理人员以及技术人员的工资总额＝岗位工资+绩效系数×岗位工资×10%+部门绩效考核系数×岗位工资+年终分红+津贴补贴

管理人员及技术人员薪酬体系中，固定工资与浮动工资的比例大约为8：2。

管理与技术人员薪酬体系中，中层管理者的薪酬水平稍微落后于市场，处于市场40%的水平左右；基层管理者的薪酬水平属于市场追随型，大约处于市场50%的水平。

（二）生产类员工的薪酬结构和水平

生产类员工主要包括矿工、地勤类员工以及生产员。这一类员工的薪酬结构中，福利部分与管理类员工相同。基本工资（见表3）是根据不同岗位性质确定的，根据工龄进行调薪。

表3   **生产类员工岗位工资等级表**   单位：元

岗位	1~5年	5~10年	10年以上
矿工	5200	5700	6200
生产工人	4500	4900	5300
地勤	3300	3600	3900

绩效工资取决于根据绩效考评的结果确定的绩效工资系数，具体的计算方式与管理类员工类似。

奖金部分主要是年底的分红，大约是基薪的0~3倍。

生产类员工的薪酬水平属于市场领先型，大约位于市场水平的70%。

（三）销售类员工的薪酬结构和水平

销售人员的薪酬主要包括四个部分：基本工资（见表4），即根据岗位等级确定，提成比例为 3%、4%、5%；绩效工资是指根据销售人员的销售量完成情况给予不同比例的提成；奖金是指根据年终任务完成情况以及企业当期的收益情况的年终奖和分红；福利包括法定的五险一金和各类津贴和补贴。

表4 销售类员工基本工资表

岗位	基本工资（元）	提成比例
销售代表	2500	3%
销售主任	3000	4%
销售经理	3500	5%

二、公司矛盾

由于近年来，煤炭行业不景气，LK 公司的销量连续走低，企业效益下降，甚至出现亏损，但是公司在职员工 90% 以上都属于正式员工，而且浮动工资比例较小，导致企业人工成本难以压缩。一方面，公司处于亏损状态，另一方面，公司还得支付给部分员工高额的工资。公司出现财务亏损，企业内部也开始人心动荡，矛盾不断。由于销量下降，生产类员工的工作任务的数量减少了一半，但是由于其薪酬结构中浮动工资的比例很小，所以企业的实际营收对于生产类员工的实际收入影响不大，这种状况引起了其他类型员工的不满，特别是研发类和销售类的员工，他们认为，生产类员工之前工资高是因为他们的工作量确实大，但是现在，生产类员工工作清闲，却依然拿着高工资，这种待遇不合理。而且，由于企业业务量的下降，销售人员的工资受到了极大的影响，看到生产类员工，不仅工资没有受到影响，而且工作也更加轻松了，销售人员的意见非常大，他们要求改革他们的工资制度，提高待遇。近几年销售类岗位的离职率将近 60%，其中包括两个区域的销售经理，他们在离职的同时，也带走了公司部分的客户，这对于岌岌可危的公司更是雪上加霜。

前几年，公司效益好，销售量增长迅速，所以 LK 公司将业务发展重心放在了煤矿的挖掘上，对于企业的其他业务，发展较少，对企业的煤矿开采相关机电设备和零件的研发与制造业务不够重视。企业的研发团队力量较弱，各类研究人员的薪酬水平偏低，老刘希望通过这次薪酬改革，在解决公司内部矛盾的同时，将企业业务发展重点引向研发与制造，将薪酬体系偏向于研发人员，激励和保留现有员工，并且吸引更多的工程技术人员加入公司，提高公司技术团队的研发水平，形成企业核心优势。

三、改革序幕

为了扭转公司目前混乱的局面，总经理老刘召集公司高管进行讨论，商讨薪酬改革方案。两名副总、赵工和孙矿长同时参加了这次会议。

会议开始，老刘表示了对公司现状的担忧，以及自己心中的改革方向。首先，公司人员冗余的问题需要解决；其次生产人员的薪酬体系必须进行改变，以提高企业的内部公平；再次，公司目前的士气低落，需要通过薪酬来激励保留员工，防止核心员工的流失；最后，需要通过薪酬体系的引导，促进企业的转型升级。老刘的发言还没有结束，在场的几位高管都开始迫不及待地说出了自己的想法。

负责财务部的李总首先发言："自从 2013 年以来，企业的财务状况每况愈下，前几年还能够基本维持企业的运转，但是近两年来，我们企业已经开始亏损，企业支出中，人工支出约占总支出的 40%，控制员工的工资是一个立竿见影的方法。"

负责销售部的王总马上提出了不同的意见："虽然企业现在处于困难时期，公司销售收入从 2013 年开始直线下降，出现了负增长，下降的幅度超过 20%。近两年销售收入的下降趋势有所缓解，但是形势依然严峻，销售部门的员工工资受到极大的影响，而且销售部的员工的年龄结构偏年轻，薪酬对员工的离职率影响特别大。目前销售部的离职率将近 60%，如果这个时候再压缩他们的工资，销售部恐怕是留不住人了。"

赵工接着说："我们公司前期一直都没有重视技术团队的培养，以我们现在的研发能力，如果想升级转型的话，后备的技术支持力量实在薄弱，但是如果要从外部引进的话，首先，企业目前的这个经营状况，对人才的吸引力不大；其次，公司目前的财务状况可能不能够支撑这项支出。"

孙矿长看着大家都说完了，开始说出自己的看法："2013 年以来，煤炭行业的不景气确实给我们企业带来了很大的影响。就目前的销售量，我们各个矿区的员工确实是活少人多，但是这个销售量也不是生产工人的原因，他们也是愿意多干的。如果因为这个而降工资的话，怕是会引起员工的不满。生产部门的员工大多是跟随企业多年的老员工，企业不能够在这种时候先找工人们下刀呀，如果这样做的话，以后我们企业怎么能够招聘到对企业忠诚的员工。我认为，企业现在经营状况不佳，就应该努力提高销售量呀，而不是从员工的薪酬着手改革，而且公司改革必定会引起内部思想的动荡，我们公司现在的状况本来就不稳定，如果再改革的话恐怕是雪上加霜呀！"

面对高管们的质疑，老刘说："首先，企业目前这个状况，大家也都知道，主要是煤炭行业的变化。这个趋势和变化，我们暂时是改变不了的，只能通过改革来适应这种变化。大家的担心我都能理解，但是现在的情况，我们不能等市场回暖了，再等下去，企业就要倒闭了，只能通过内部的调整挽救公司。要改革就会有所牺牲，这是没有办法避免的，只有这样，企业才能长期生存下去。其次，从目前的市场状况来看，煤炭行业的不景气可能会成为一个常态，我们企业作为这个行业中的一员，也要将这种市场状况作为我们随时会面临的危机，所以我们现在的业务不能只放在煤炭挖掘上，而是应该将相关设备零件的研发制造作为业务重点。最后，希望各位能够提前给下面的员工做好思想工作，这次的薪酬体系的改革只是开端，但是一切的变化都是为了公司更好的发展。请各位提交各部门薪酬管理现状的相关材料，下周的会议，我们一起来确定具体的改革方向。"

通过老刘的多方推动，以及人力资源部门的配合，LK 公司的薪酬改革开始迈出了第一步。

四、改革进行时

（一）薪酬满意度调查

为了保证薪酬改革的有效性，人力资源部设计了薪酬满意度相关调查问卷，据此来了解员工对公司薪酬管理看法的现状，以及对激励性、公平性以及市场竞争力的评价，以获取员工对于薪酬方面的主要需求。为了减少时间和财力的损耗，采取抽样调查的形式。首先，为了保证员工的隐私和问卷的真实性，采取了线上匿名调查；其次为了不影响员工正常的工作，选取了非工作时间进行调查；最后，为了保证本次调查的效度和信度，问卷调查结束后，每个部门随机选取了一名员工进行了员工访谈。

（二）薪酬诊断

根据问卷调查和员工访谈，总结分析出 LK 公司现阶段的薪酬管理存在的主要问题。

1. 岗位等级划分模糊，岗位工资与岗位价值不匹配

根据 LK 公司职位等级工资表可知，LK 公司根据工作性质、工作内容以及工作环境的差异将生产类员工分为三个层次，工资由低到高分别是后勤组、生产工人组、矿工组。每个岗位层级又根据工龄划分为三个等级，职工岗位工资随着本岗位工龄的增加而逐步提升。这种薪酬制度设计模式具有一定的激励效果，能够在一定程度上促进生产率的提高，但是，工资的提高主要依靠岗位的变化和工龄的增加。而且，随着 LK 公司的规模的不断发展壮大，员工数量和岗位种类逐步增多，随着生产技术的升级，每个岗位的工作强度和工作量都发生改变。LK 公司的这种职位分类已经不能满足公司现阶段的工作运转了，现有的这种职位分类模式容易产生很多问题。例如矿工组的生产类员工包括 14 个工种，其中有很多岗位的工作量和工作强度都有很大的区别，但是他们的岗位工资却是相同的，这反映出 LK 公司在岗位等级划分上存在过于笼统的问题，多数工种岗位价值与同级工种岗位价值不匹配，造成价值报酬的相对不公平，致使岗位工资无法真实体现其岗位价值，员工的薪酬满意度低。

2. 薪酬结构单调，激励效果不佳

LK 公司采用的是以岗位为中心的薪酬模式，岗位工资是员工薪酬总额的主体。岗位工资是员工的固定工资，绩效工资属于浮动薪酬，但是其基数依然取决于岗位工资，而岗位工资主要是由员工所从事的工作、工作年限、职位等决定。所以，员工工资的多少与工作努力程度、贡献度的关系不大，工资的上升主要与岗位的差别或者是工龄的长短挂钩。虽然管理和研发类员工在同一个岗位设置了不同的工资等级，但是工资差距较小。此外，与绩效工资挂钩的绩效考核流于形式，考核的主要内容是员工的出勤情况，与工作成果的关联不大，虽然是浮动工资，但是基本上成为固定工资，失去了绩效工资本身的激励意义。

3. 薪酬分配存在不公平的现象

LK 公司薪酬的高低主要取决于员工所在的岗位和工龄，与员工的努力程度和贡献率

关系不大。其次虽然每个岗位都设有绩效工资，但是考察的依据基本上只是考勤情况，绩效考核基本流于形式，只要职位相同，岗位处于同一层级，所得奖金并无差异。这样的模式，容易让员工产生吃"大锅饭"的感觉，工作成果的多少不能在工资上得到体现，员工的工作积极性难以提高。即使存在非常优秀的员工，由于工作成果没有得到及时反馈，工作积极性仍然会下降，甚至出现优秀员工离职的问题。

最后，LK 公司管理层在绩效工资分配方面也是眉毛胡子一把抓。根据职位等级，只要级别相同，其固定工资和奖金基本无差异。这对于清闲的政工科室干部来说是件好事，但对于处于核心地位的生产业务科室来说却非常不公平，容易使生产业务部门干部产生对工作的懈怠情绪。

4. 公司的隐性福利较差

首先，LK 公司属于劳动密集型的企业，员工数量众多，而且大多数员工的工作环境恶劣，员工的工作量大。但是 LK 公司针对特殊岗位的员工，给予的津贴和补贴较少，员工对公司的忠诚度较低，工作氛围较差。其次，员工认为企业提供的学习和培训的机会太少，在工作中得到锻炼和提升的机会很少，导致技术水平难以提升，公司整体的生产效率难以提高。最后，非法定福利太少，公司与员工的联系过少，导致员工组织承诺低。

5. 薪酬提升方式单一

与一般国企类似，LK 公司职工的工资收入主要受到其资历、职位的影响，员工想要大幅度提高自己的收入，晋升是唯一快速通道。但是每个岗位的数量都是一定的，所以员工提高收入的机会较少，这对于积极进取的优秀员工的培养十分不利。其次，LK 公司的员工晋升路径不合理，不同职系的员工很难进行调岗，这样的设计不利于员工的潜力挖掘和全面发展。

（三）薪酬再设计方案

薪酬再设计主要内容包括，计件工资制设计、员工持股、期权计划、福利保障体系。具体的改革内容如下：

1. 薪酬体系

新方案的主要变化是将公司原来的薪酬体系由三大体系变成了四大体系，分别为管理人员、技术研发人员、生产人员、销售人员。各个体系的具体内容如下：

（1）管理人员

①工资总额＝岗位工资+绩效工资+股票期权分红+奖金+福利。

②岗位工资（见表 5）：在原有薪酬制度的基础上，提高绩效工资的比例，降低固定工资的比例。

③将管理人员绩效工资以公司股票期权的方式发放。持有期权可以享受年底分红的资格，但是不具有表决权，三年后，员工可以出售期权。绩效工资提高为原来的两倍，绩效工资基本的考核方法不改变。

表5 管理人员岗位工资等级表 单位：元

岗位/等级	一	二	三	四
正科	6500	6200	5900	5700
副科	6000	5700	5400	5100
正主任	5500	5200	4900	4600
副主任	5000	4700	4400	4100

（2）技术研发人员

①工资总额=基本薪酬+风险收入+股票期权分红+奖金+福利。

②研发类员工的薪酬采用年薪制。年薪的30%，作为风险收益，需要通过年终的绩效考核确定不同的绩效等级系数，从而确定工资总额。风险收益以公司股票期权的形式发放，同时股票期权每年年底具有分红的资格。

③奖金部分包括公司年底分红和技术奖励，如果员工取得重大技术进展，可申请技术奖励，奖金数额在1万~10万元不等。

④福利部分：除了法定福利和基本的津贴补贴，企业年金也将成为员工福利的一部分，企业和员工共同缴纳。员工可以选择缴纳年金，加入企业年金方案，也可以选择放弃。

（3）生产人员

①工资总额=基本工资±超额计件/未完成计件+绩效工资+奖金+福利。

②生产类工人采用计件工资制度。

Ⅰ.计件工资范围：挖煤、采掘、原煤生产岗位。

Ⅱ.计件工资单价：根据不同岗位的工作性质和工作环境确定单价范围，根据市场情况确定最终单价。如果没有完成定额计件数量，工资将扣除没有完成的部分；如果完成了计划定额数量，工资全额发放。如果超额完成，则把超额部分增价结算。

Ⅲ.工资结构：基本工资、工龄工资、超额工资、各项津贴补贴、法定福利。

（4）销售人员

①工资总额=基本工资（50%）+绩效工资（50%）+超额销售提成+奖金+福利。

②基本工资（见表6）：按照员工的岗位设计，一岗一薪，保证员工的基本生活。

表6 新版销售人员基本工资表 单位：元

岗位	基本工资	提成比例
销售代表	3000	3%
销售主任	3500	4%
销售经理	4000	5%

③绩效工资以岗位工资为基础，根据绩效考核确定不同绩效工资系数。绩效考核的内

容主要是销售任务的完成情况，没有完成定额销售量为不及格；完成销售任务为合格；完成的销售任务超过定额的5%为良好；完成销售任务超过定额的10%为优秀。

④超额销售提成是指对定额销售量之外的销售额将会给予一定比例的提成，具体的定额销售量以及提成比例需要根据市场情况每年进行更新。

表7 新版销售人员工资系数表

绩效考核结果	绩效工资系数
优秀	1.5
良好	1.2
合格	1
不合格	0.8

2. 福利保障体系再设计

福利保障体系再设计主要对之前的体系进行了进一步的补充。

（1）员工内部购买煤炭，享受员工福利价格

凡属公司正式员工，购买煤炭自用，可以享受7折优惠，但是禁止倒卖行为。

（2）为特殊岗位员工购买大病医疗保险

由于煤炭行业的特殊性，部分员工的工作环境十分恶劣，为了保障员工的基本权益，除了基本的岗位基本补贴和津贴，为部分员工购置大病医疗保险。

（3）员工期权计划

企业正式员工可以员工价格（低于市场价格）购买公司的股票期权，期权具有分红的资格，但是不具有表决权。三年后可以将股票期权进行售卖或者转让。

（4）员工培训学习制度

定期为员工组织学习与培训活动，并且建立培训考核制度。对于培训中的优秀员工，通过考核，可以提供外出学习培训的机会，鼓励员工转向技术研发岗位。

五、改革风雨路

历经3个月，在多方努力下，LK公司终于迈开了改革第一步。虽然改革方案的出台引起了部分员工的争议，而且改革方案依然存在纰漏，但是老刘改革的决心让员工看到了公司的活力，员工的士气得到了很大的提升，而且由于薪酬改革方案主要来源于员工的意见，所以方案实施的接受程度超乎预期。在新方案的激励下，公司的销量也得到了提升，员工内部矛盾得到了基本的缓解，公司局面暂时得到了稳定。看到这些好转的现象，老刘依然没有放心，公司转型之路依然漫漫⋯⋯

案例使用说明

1. 教学目标规划

（1）了解薪酬体系的基本构成以及类型、薪酬体系与组织战略的匹配关系、薪酬管理与绩效考核的匹配、企业年金、期权激励。

（2）学会分析组织变革的驱动因素，尤其是企业组织变革与公司薪酬战略选择之间的影响关系，通过分析组织内外部环境变化，明确组织适合的薪酬战略。

（3）学习薪酬改革的基本过程以及相关重点。基于案例内容，通过讨论对整个案例进展进行深入解析与评判，培养学生在复杂环境里的综合分析能力和决策能力。学会薪酬激励的基本方式，尤其是期权计划的具体内容以及相关实操过程。

2. 课堂讨论题

（1）LK 公司为什么要进行薪酬改革？

（2）老刘提出薪酬改革的想法之后，为什么没有直接请专业人员进行薪酬改革方案设计？

（3）LK 公司每个岗位工资构成都不一样，请问为什么要这么设计？

（4）如果你是老刘，你会怎样进行薪酬改革。

3. 启发思考题

（1）老刘实施了薪酬改革之后，公司可能会出现哪些后续的问题？

（2）除了案例中提到的股权激励外，还有哪些新的方式激励员工？

（3）从激励理论的角度去阐述 LK 公司为什么要进行薪酬改革。

（4）薪酬改革之后，如果有员工感到薪酬不公平要离职，你会怎么处理？

参考文献

［1］马令科．国有煤炭企业薪酬激励性研究．中国管理信息化，2019，22（20）：02-103.
［2］李向北．浅析煤炭企业薪酬管理与激励．科技经济市场，2019，26（09）：113-114.
［3］樊腾飞．浅析煤炭企业薪酬管理与激励．科技风，2019，13（01）：169.
［4］温晶．山西煤炭企业员工薪酬管理问题研究．安阳工学院学报，2015，14（06）：64-67.
［5］谭章禄，周文文．煤炭企业薪酬管理系统的构架及应用研究．中国煤炭，2015，41（03）：77-80.

一番好心缘何引来牢骚满腹？
A食品销售公司的薪酬调整

【摘要】本案例基于A食品销售公司薪酬调整事件，从原始薪酬体系进行分析，重点阐述A公司薪酬调整的尝试和负面实施效果，揭示了薪酬调整的出发点不等于实际效果。薪酬调整不仅需要跟上公司变革的步伐，还需要综合考虑薪酬的市场竞争性和各部门之间的公平性。盲目不合理的薪酬调整会严重影响企业销售目标和经营战略的实现。本文旨在为企业设计和完善薪酬调整制度提供一定警示和借鉴。

【关键词】薪酬调整；公平性；竞争性

一、山雨欲来风满楼

"王总，您这不厚道啊，我辛辛苦苦、兢兢业业干了一整年，工资赶不上B公司的一个小拇指就算了，连负责北京区的普普通通的销售专员工资都比我高，这让我怎么带领手下的兄弟们干活啊?!"李飞把自己的工资单和离职申请狠狠地往桌上一拍，怒发冲冠。

"工资标准是一开始就定下的，按照个人绩效拿提成，以前不一直都是这个制度吗？你们也要理解公司的难处，疫情期间都不好过啊。"

"我们理解公司，那公司理解我们了吗？同样都是销售岗，干着一样的事情、吃着一样的苦头，凭什么北方分公司来的员工薪水就比我们高一大截？难道就因为他们面向的是北京的客户，就能高人一等？还是说因为王总是从北京来的，玩什么特别关照的把戏？"

冬夜，冷寂。

时钟滴答滴答快走到了9点，公司的人也走了大半。

王总盯着窗外，点了根烟，忧虑如洪水涌上心头。马上要过春节了，路边焕然一新的红灯笼光彩夺目，王总的眼里却蒙上了一层死灰。上周和李飞的争吵犹如千钧重负，清晰如昨。今年是自己从北京调任到武汉任总经理的第一年，没有想到和在北京当大区销售经理的难度不能同日而语。李飞是武汉销售区红人。他所带领的团队多次夺得月度销售冠军，说话自然是有恃无恐、出言无状。"握不住的沙，只有扬了它"，王总的心里堵着一口气，面对李飞的质疑和否定，王总一气之下在离职申请上签了字。万万没想到，跟随李飞的步伐，武汉分公司销售部的顶梁柱一个个都提出了离职申请。南京分公司也报告说，新招的很多销售人员在试用期未满之前就会走人。看着窗户里映照着的一打厚厚的离职报告横尸桌上，王总深深地叹了一口气，烟雾缭绕，混沌不清。

一切都要从A食品销售公司的历史说起。A食品销售公司成立于2020年末，是A集团为了应对新冠肺炎（即新型冠状病毒性肺炎）疫情的冲击，整合营销渠道后在武汉设立的销售总部。A集团原是速食食品行业的佼佼者，一致保持着30%左右的市场份额，在各大商超都能看到其产品的身影。然而，刚过去的2020年，A集团和其他食品企业一样，面临着不断恶化的经营环境，身陷困境。疫情背景下消费力持续下降，市场份额急剧缩水，加之新兴线上销售渠道异军突起，瓜分了"大块蛋糕"，市场竞争进一步加剧。另一方面，随着全球疫情的发展，食品出口渠道受限，物流不畅导致成本不断上涨，加之人力短缺造成物资配送难度加大，致使公司利润严重缩水……疫情的冲击早已形成不可逆转之势头。A集团总部位于北京，下属武汉、南京、北京、吉林四个分公司，也是其食品销售的四个主场城市。为了促进公司可持续发展、降低整体管理难度、便于业绩考核，同时提高市场反应速度、缩减运营成本，A集团整合各方资源，将四个分公司的销售部和市场部合并，在武汉成立了A食品销售公司，专门负责产品的市场开拓和销售业务。

不患寡而患不均。A食品销售公司的薪酬体系弊端，属于历史遗留问题。A食品销售公司80%的员工属于销售人员，其他20%分属市场部门、人力资源部门和行政部门。销售员薪酬体系实行的仍是"大包干"法。薪酬构成为底薪+绩效，基本工资占比80%，绩效薪酬占比20%，绩效工资与销售人员的绩效直接挂钩。销售人员的绩效考核设置了统一标准，考核指标主要以任务完成类为主，比如任务完成率、回款率。

A食品销售公司的销售部门人员主要来自四个城市的分公司，因此基本上还拿着原来的工资薪水。由于北京、吉林北方两家分公司的效益比武汉、南京的好，所以北方的销售人员一直拿着比行业内薪酬水平高得多的薪水；而南方的销售人员恰恰相反，到手的薪水比同行业、同地区的少30%左右。对于北方公司而言，2/3的员工能完成或超额完成定额目标。但是对于南方而言，只有1/3的员工能达到定额目标。干着同样的活，别人的薪水比自己高了一大截，谁会愿意？另一方面，销售员的绩效工资依赖销售量完成情况，这导致销售员为了完成当月销售目标不择手段，对客户信誉度评级的标准放松，导致资金回笼慢，甚至出现"死账"，公司年末提取了大额坏账准备。

王总仔细回想着南北方销售人员的薪酬水平差距，掐掉了手里的烟头。一想到销售骨干如同即将道别的2021年匆匆出走，这也意味着多少宝贵的客户资源的流失，灯光下，他眼角的皱纹似更深了。多么怀念在北京区当销售经理的日子啊！没想到被提拔到武汉当总经理会遇到这么多棘手的难题。非管理出身，空有一肚子销售经验，从没想过公司的薪酬体系存在这么多的问题。看上去涨薪成为留住人才的唯一途径，要不，就涨吧？舍不得孩子套不住狼，涨！王总又瞥了一眼桌上的离职申请，心里愤愤道。

二、唇枪舌剑几时休

时间过得很快。一转眼又到了大年初七，是大家复工的日子。窗外道路两旁的红灯笼喜庆依旧，川流不息的车奏着交响曲，宣告着新的一年工作日的开始。王总早早来到了会议室，做好了大刀阔斧的准备，四个区的销售经理、市场部部长和人力资源部长也已经就座。每个人面前都有一叠厚厚的数据报表。春寒料峭，天气有点阴沉，正如大家不约而同地穿着的玄青衣服。

"朋友们"，王总以惯常的称呼打破了沉寂。"手里的数据大家也都看到了，一个严峻的事实是公司总部给咱们发黄牌警告了。主要有两个方面的原因。首先是去年的业绩实在是不尽如人意，收益率远远低于预期目标。虽说业绩下滑可能一部分受到了疫情的影响，但是咱们也要想想新路子啊。其次，就是员工离职的情况。问题有点严重，去年的员工离职率高达 20%，年底很多销售冠军都提出了离职申请，这就意味着很大一部分客户资源的流失啊。今天开这个会呢，也主要是想就这个问题听听大家的想法，看看怎么进行薪酬调整，争取给今年开个好头！"

"薪酬调整对公司来说是个负面压力，咱们去年的业绩都已经大幅滑坡了，涨薪又会提高公司的经营成本啊！怕不是要黄牌变红牌了！"北京区的大区经理率先发话。的确，薪酬调整的压力不可小觑。涨工资，总部老板的脸色难看；不涨工资，员工的脸色难看。花重金挖人才、强激励固然是好，但是无形中增加了企业的财务成本，对绩效而言又是一个千钧重负。

"咱们的员工关系都这么紧张了，再不涨薪难道你想看公司的员工都走光？你们北京大区的绩效目标本来就更容易达成，当然不在意涨薪。南北方这么明显的薪酬差距还不调整，这不是又想让马儿跑，又不给马儿吃草嘛？"南京大区经理白了他一眼，笑声如刀。

火药味逐渐浓烈。武汉大区经理收到了南京大区经理的眼色，正襟危坐了起来："就是啊，连我们武汉区的销售红人李飞都去了竞争对手的公司，太难过了，这得流失多少客户资源啊，我情深意切地想留住他，无奈咱们公司薪酬，就是没有什么吸引力啊！"他把双手往桌上一摊，仿佛活生生地在表演"多来点钱"。"人家直接来句上有老下有小都需要照顾，怼得我无话可说，再这样下去，后果将不堪设想。"

王总的眸子里闪着光，细观着硝烟弥漫、战火纷飞。好脾气的他只是听着，若有所思。"张部，你是专业的，你怎么看？"王总将话锋转向了人力资源部长张威。张部长开始侃侃而谈："我同意王总的观点，当然要调整。薪酬管理是人力资源管理中的一个重要组成部分。只有科学合理的薪酬体系才能为企业留住人才，激励员工，鼓舞士气。大家都会关注自己的劳动所得是否公平、合理，以此来评估这份工作对自己而言的价值，决定是留还是走。咱们销售公司刚成立一年，现在的薪酬体系是存在很大问题的，本来也正想通过这次会议向王总反映的。且不说市场竞争性较弱，这内部负责南北方市场的销售人员薪酬差距就很大，也难怪武汉和南京分部很多销售人员都提了离职。不过一般都是年底进行薪酬调整啊，我们部门的绩效考核结果加班赶出来了，才发现这个问题。现在说调整的话，重新设计薪酬方案估计得要一段时间。"

张部长的话像一针鸡血，坚定了王总涨薪的决心。是啊，公司花了那么多的成本招聘培训的销售精英，就这么白白走了，岂不是都成了沉没成本。舍不得孩子套不着狼，即使压力非同小可，薪酬调整也势在必行！王总清了清嗓子，毅然决然地说："大家说的都有各自的道理。综合考虑来看，由于公司刚刚由四个地区公司员工合并，薪酬管理制度还不健全、不科学，所以辛苦一下人力资源部门，尽快制定一个新的薪酬方案吧。"王总话音已落，大家都在窃窃私语，几分欢颜几分愁苦。张威一想到进行薪酬调整又得做内外部薪酬调查、薪酬设计、薪酬满意度评价等一揽子活，闭上眼，长吁了一口气。北京和吉林的大区经理面面相觑，武汉和南京的大区销售经理喜不自胜，满怀期待着新的薪酬制度。

三、大刀阔斧辟新道

薪酬调整被 A 公司提上了重要的议事日程。薪酬调整往往涉及公司多方利益主体的切身权益。若公司缺乏规范、合理、科学的薪酬调整流程，当薪酬调整中管理层和员工的利益产生冲突时，会严重激化双方的矛盾，挫伤员工积极性。所以，公司在进行薪酬调整之前必须制定详细的方案，多方考虑，慎重决策。调整方案既要考虑内部公平性，又要兼顾外部竞争性。在进行薪酬调整之前，需要对市场平均薪酬水平进行调查，根据公司战略需要确定自己的薪酬水平；同时要进行内部的薪酬问题诊断，有的放矢设计新的薪酬方案。A 公司的薪酬调整更具有其特殊性和复杂性。销售人员的薪酬设计不同于其他职能部门，由于工作时间、工作场所，甚至工作方式都存在很大的自由性，业绩也主要与销售量相关，这就意味着销售人员往往存在一定的投机行为，甚至出现完成基本绩效要求后"躺平"的现象。因此，如何在激励销售人员的工作积极性的同时，保障现金流的质量是亟待解决的难题。

王总恶补了薪酬管理的功课。这一次，他要大刀阔斧，一展宏图。王总将人力资源部长张威叫到办公室，笑盈盈地展示自己的"学习成果"。他首先列示了此次薪酬调整的五大原则：一要以公司销售战略为导向，二要保证内部公平性，三要兼顾外部竞争性，四要考虑企业的经济效益，五要符合法律法规；并且以"五同原则"为依据，按照同行业、同地域、同规模、同岗位、同业绩贡献设计新的薪酬方案。由于公司薪酬的外部竞争性较弱，作为行业的佼佼者，公司宜采取"领先型"薪酬战略，提高员工的整体薪酬水平。但是由于疫情的冲击太大，公司刚从业绩低谷期得到缓和，开始艰难的爬坡，因此涨薪的幅度不宜太大，建议将有限的资源向关键岗位、整体绩效好的岗位倾斜。针对收益来源的主要部门要加大薪酬激励制度，对于业绩贡献大的员工重点表扬，充分发挥业绩先锋的榜样带头作用。

张威若有所思却又面带微笑地点了点头，心里却是愁云密布。王总说的有些原则虽然不无道理，但是条条框框束缚得我不好发挥啊！我也是北京来的，还没摸透王总的脾气秉性，安全起见，还是按照王总说的做吧……

时间一转眼就来到了盛夏。

热。

热闹。

阳光新鲜而热烈。

张威来到王总的办公室，呈交了最终的薪酬调整方案。此次薪酬调整过程的时间跨度很长，历经了 3 个月的调查、设计和修改。张威在王总的薪酬调整原则基础上，设计了一套完整的薪酬方案，包括整体工资标准调整和绩效考核调整。为了落实"领先型"市场薪酬战略，整体工资标准都有所提高。根据公司的经济承受能力和外部市场薪酬调查结果，初步确定了一个涨幅标准，为去年工资总量的 5%~15% 之间。销售部和市场部是主要业务部门，给予重点倾斜，总体薪酬水平在原来的基础上提高 15%，其他部门工资涨幅为 5%。工资结构也进行了较大的调整。将销售人员的基本工资由 80% 降到 70%，绩效工资提高到 30%。市场部人员的基本工资由 90% 降到 80%，绩效工资提高到 20%。为了确保现金流质量，在绩效考核体系设置了一些关键绩效指标，比如销售收入、应收账款回款率等，并赋予了合理的权重。为了响应总公司的市场推广战略，加大重点推广新品的力度，将销售额中新品类结构配比的考核权重由原来的 5% 提高到 10%，在绩效考核指标中还增加了市场信息分析、新客户销售占比、客户开发维护等相关指标权重。最后，为了鼓励销售人员超额完成销售任务，还设置了突出贡献奖，一、二、三等奖各一名，奖金分别为 10000 元、7000 元、4000 元，每年年底一次性发放。

王总看着这一揽子薪酬调整的措施，欣慰地点了点头。张威的方案确实都符合自己提出的一些基本原则，这下子员工们该感恩戴德、努力工作了吧。王总心里这样想着，喜形于色地对张威说："可以的，既然薪酬调整方案设计出来了，那就抓紧实施吧"。

四、剑拔弩张惹众究

6 月 1 日。

周一。

阴。

"江哥，看到了钉钉清早发的公告没，公司是要给我们涨薪了？"武汉区销售组的新人小方转着自己的凳子，美滋滋地对隔壁桌位的小江说。

"正在看呢，绩效工资涨了，基本工资占比低了，这下半年更不好过了啊！"小江是武汉大区的老人，他仔细盯着电脑上的薪酬调整公告，眉头紧锁，大脑飞速运转着薪酬调整对自己的工资影响值，丝毫没注意到小方喜上眉梢。

"为啥啊，涨薪不是一件好事吗？咱们整体涨幅是 15% 呢！"小方一脸茫然。

这注定是一个不同寻常的上午。A 食品销售公司正式发布了新的薪酬体系方案，出台了一系列新的政策，希望通过逐步的薪酬调整，实现薪酬调整的"软着陆"。上班打卡的时间越来越临近了，一波又一波的员工火急火燎地奔向工位，打开电脑，登录账号，办公室人声鼎沸，一下子炸开了锅。

"公司这是下血本了啊，给咱们的工资都涨了。"

"你不看看具体的细节？总额涨了，但是基本工资降了，绩效目标提高了，今年都过了一半了，销售指标是年初就定下的，本来就很难达到，但是现在突然说浮动工资比例上升了，能拿到腰包的钱不就更少了嘛！"小江听着公司新人们单纯的想法，摇了摇头，开始给大家解释道。"再加上，现在又设置了应收账款回款率权重，新品类销售权重，又加大了咱们的销售难度，相当于咱们在保证销售数量的同时还要保证销售质量，这以后的日子能好过？"

南京区的销售专员也加入了热火朝天的议论大军中："公司进行薪酬调整，也不提前发个通知让我们有个心理准备。这改来改去，咱们工资还是要比北方两个城市的低啊，大家都一起加薪，不就等于没加？他们每个月绩效指标完成率本来就很高，现在提高了一点对他们而言是小问题，但是对于咱们，就是晴天霹雳啊！南京这块市场本来就不好做，现在还降低了固定工资比率，怕是想让咱喝西北风了。"

很快，大家的满腹牢骚传到了王总的耳中。大家怎么都是这么想的？给大家涨薪了应该都喜笑颜开才对呀，难道新的薪酬方案真的存在这么多问题？吃惊，疑惑。按照惯例每周一都是要开会的，王总想刚好趁这个机会听听大家真实的意见。穿过一片人声鼎沸进入了会议室，四个分部的大区经理和各部门部长都已就座。员工们仿佛也知道这次会议的主题，三五成群地凑在会议室磨砂玻璃的外面，黑压压的一片。

"我刚听外面员工们的议论，好像新的薪酬方案并没有提起销售人员的兴趣啊，大家都看到了新的薪酬方案了吧，说说自己的观点吧。"王总开门见山，向大家表达了自己心中微微的担忧。

人力资源部长张威率先发言："我是根据王总拟定的薪酬调整原则进行调整的，是在外部市场薪酬调查和内部薪酬预算的基础上设计的一套薪酬方案。这些数据指标的改动都是有科学依据的，所以大家应该不会有多少意见。"

南京大区的经理又开始了一贯的尖嘴尖舌："张部长说笑了，倒是看得出来您这个薪酬设计颇费了一番心思。该调的一个没调，不该调的倒是变动了不少。没记错的话，您也是从北方地区调过来的吧。"

"您这话就说得有意思了"，张威不甘示弱。"我是北方来的怎么了，不都是为了公司的利益服务的吗？我可不会玩拉帮结派那一套，有话请直说。"

会议室内的氛围变得紧张了起来。

玻璃外面依旧是黑压压的一片。

"咱们年初开会的时候，就提到了南北方的薪酬差异，大家都清楚，北方市场比南方好做，您这套薪酬方案也没解决原有的工资水平落差和南北差异的问题。另外，南方地区的销售人员月度绩效指标能完成的本来就是凤毛麟角，不像北方月月奖金都习以为常了。您这工资结构的改动，不是明摆着和我们作对？"

张威的脸上露出了些许惭愧，在设计薪酬调整方案的时候，确实思考过这个问题，但是考虑到分地区设计薪酬体系的难度和工作量，加上和自身利益没有直接关系，就放弃了这个想法。他据理力争："为了填补新的人员缺口，我们部门的人本就已经忙得焦头烂额，这几个月我们做了那么多市场调查，设计了新的薪酬方案，也得到了王总的肯定，我们已经尽力了，但是肯定做不到让所有人都满意啊，现在销售部员工有很多新的意见，也不能全怪我们人力资源部门吧！"

市场部经理也按捺不住心中的怒火。"年初咱们开会，也没说薪酬调整会涉及新品销售的问题啊，上个月公司才出的新品销售计划，我们还正在讨论新品推广方案呢，没想到这么快新品销售就纳入了我们的工资体系，这不明摆着想压低我们工资吗？"他瞪着眼，怒气冲冲地对人力资源部长张威说。根据公司新的薪酬考核体系，市场部也需要对自己负责的新品销售额负责。新品的市场推广需要进行方案设计、市场公关、渠道建设等一系列流程，往往需要一定的时间周期，这突如其来的新品销售指标的设定，实在让市场部的员工摸不着头脑。

财务部门经理坐在会议桌的最下游，牢骚满腹："销售部门的人是人，我们就不是人了？凭什么他们工资涨15%，我们就只涨5%？这差距也太大了吧！本来他们的工资就是我们的3倍了，再涨不得撑破天了！"由于财务部门人少，人微言轻。财务部门和其他的一些职能部门也是怨声载道。本来就感觉低人一等。现在薪酬调整中看着别人吃大蛋糕，自己就分了一小块面包边边，心里自然是愤愤不平。

王总头上的汗珠涔涔而落。眼看着硝烟四起，战火纷飞，深深地叹了一口气。万万没想到，此次薪酬调整不仅没有收到预期的效果，还进一步加剧了员工之间的矛盾。会议室外，员工们还在议论纷纷，黑压压的一片。这套新的薪酬方案没有得到大家的认可，很多老员工甚至打起了出走的算盘。窗外的天阴沉了下来，树叶在风中乱舞，大雨将至。

五、前路渺渺恁凝愁

夜已深。

天上无星无月，阴沉。

雨后的夜晚显得格外寂静。

远处办公楼的灯火已寥落，道路两旁的红灯笼也褪去了昔日的光彩。王总掐掉了手中的烟头，凄然一笑。公司的员工已经全部下班了，王总还没有归家的打算，今天会议室的一幕幕挥之不去，在脑海里循环倒带。他搞不懂自己的一番好心为什么引来了全体员工的满腹牢骚？人力资源部长张威的话，更加深了自己的罪恶感，自己明明做足了功课设定的薪酬原则啊，难道做错了吗？薪酬调整方案已经发布了，却并没有员工想买单。对于公司而言，陷入了调整窘境。公司投入了更多的成本，但薪酬调整不仅没有收买人心，激化了公司内部的矛盾，还使得员工离职率进一步上升，真是"花钱买教训"。

王总耳边似乎响起了一阵凄凉的悲歌："好心当了驴肝肺，薪酬调整惹了谁"。他仔细咀嚼着这其中的滋味，心力交瘁，满怀萧索，泫然欲泣。为什么薪酬调整方案没有实现对员工的有效激励？如何激发员工的积极性，如何设计新的薪酬方案让员工都能够满意？员工薪酬真的是企业的成本和负担吗？为什么提高了员工薪酬还是留不住人？这些问题久久萦绕在他的心头，真是"管理只有永恒的问题，没有终结的答案"。王总瞭望着远方办公楼星星点点的灯光，忽明忽暗，忽现忽闪，公司的未来在何方……

💬 案例使用说明

1. 教学目标规划

（1）熟悉薪酬调整的目的和适用情境。

（2）了解薪酬调整过程中会遇到哪些问题，有哪些注意事项。

（3）了解薪酬调整的一般流程、如何设计薪酬调整方案。

2. 课堂讨论题

（1）A食品销售公司的薪酬调整为何引发了员工的满腹牢骚？

（2）如果你是王总，会对张威团队设计的薪酬调整方案提出哪些建议？

（3）你能想到哪些让员工更好地接受薪酬调整方案的方法？

（4）A食品销售公司这一次失败的薪酬调整实例能够给我们带来什么样的启示？

（5）你认为薪酬调整过程中内部公平性还是外部竞争性更重要？

3. 启发思考题

（1）薪酬调整方案的设计需要把握哪些基本原则？

（2）如何在薪酬调整过程中确保公平和效益的统一？

（3）简述薪酬管理模块与人力资源其他模块的联系。

（4）薪酬管理体系的设计有哪些注意事项？

参考文献

[1] 杭慧芹. B 公司销售人员薪酬管理中的问题及对策研究. 云南财经大学, 2021.

[2] 吴婉君. B 电商公司薪酬管理存在的问题及对策研究. 华东师范大学, 2018.

[3] 徐晓丽. KF 公司薪酬管理体系优化设计问题研究. 郑州大学, 2017.

[4] 严星. 薪酬调整机制初探——以双因素理论为基础的薪酬设计思路. 人力资源管理, 2010, 3（04）: 226-227.

[5] 刘树奎. L 公司基于销售人员薪酬模式的绩效考核调整. 中国人力资源开发, 2007, 19（12）: 57-59.

计划赶不上变化——W 公司的薪酬维护之路

【摘要】 薪酬制度设计与维护是根据企业的实际情况，紧密结合企业的战略和文化，系统全面科学地考虑各项因素，及时根据实际情况进行修正和调整。一个好的薪酬制度设计能与组织的战略规划相联系，从而使员工能够把他们的努力和行为集中到帮助组织在市场中竞争和生存的方向上去，这样不仅能帮助员工提高自己的薪酬，也能帮助企业提高市场竞争力。本案例描述了 W 公司的发展历程，从 W 公司出现的薪酬问题入手阐述了 W 公司出现的薪酬差异问题，并且分析了 W 公司是如何进行薪酬制度设计和维护的，揭示了薪酬制度设计与维护的重要性。本案例旨在为企业薪酬制度设计和维护提供一定的借鉴。

【关键词】 薪酬设计；薪酬维护；薪酬差异

7 月，正值酷暑，炎炎的烈日将阳光投射进 W 公司 18 层的一间高层办公室里。本该燥热的天气，办公室里却分外凉爽，W 公司研发的 TS 牌变频立式空调正有条不紊地运行着，将清凉送入室内。刚刚开完晨会的总经理陈彦却坐在椅子上，紧皱着眉头，盯着桌上的一份报告微微出神，心里的千屡思绪，让他无法沉下心来享受这片刻的宁静……

一、临危受命的部长

W 公司前身是 1994 年在珠海海利成立的一家大型空调器厂。在那个年代，不论是哪个行业都以销售为王，所有人都削尖了脑袋往销售部门跑，年薪十几万元的"香饽饽"谁都想争，而很多真正为用户提供新产品、新技术的研发部门却无人问津。

W 公司同样也深陷困境，没有技术创新的企业，仅靠每天挨家挨户地跑销售和拉业务很容易被行业的其他竞争对手取代。为了公司的未来发展，1998 年 10 月的一天，时任公司董事长的周力决定将销售人员的提成比例从原来的 1% 下调到 0.38%。这样突然的大幅度降薪显然得不到大家的支持，尤其是一直处于竞争关系的同行企业更是抓准机会纷纷向企业员工递出跳槽的橄榄枝，一时之间公司内部躁动不安。很快，几日后，几十名销售骨干联名递交离职申请，以示对公司降薪决策的抗议，更有甚者已经找好了下家，随时准备走人。

已经在 W 公司工作 4 年的高才生陈彦却毅然决然地留在 W 公司，他对自己的同事说："周力是个好老板，让销售部的员工和研发部的员工的工资能够对等是为了公司的将来，是真的想为用户提供更好的产品，开发更先进的技术。公司的理念我一直是认同和支持的，而且 W 公司一直非常重视对大家的培养，这次降薪也是为了照顾技术部的同事，能让他们也过上好日子，所以 W 公司没有对不起大家的地方。况且，我已经在这里做了很久，已经和它建立了很深的感情，我不想在这个时候一走了之。"

这番言论很快传到了董事长周力的耳朵里，他被这个重情重义的年轻人打动了。翻开他的人事资料，周力发现，这个年轻人居然就是之前销售主管向他夸赞过，已经连续两年拿到销售额第一的部门红人陈彦！

于是，陈彦临危受命，出任销售部部长，对内加强制度建设、财务管理，对外加强业务员监督、经销商管理，W 公司的营销工作才开始逐渐恢复正常，步入正轨。

二、新时代的人才之争

2005 年，陈彦升任 W 总经理，在上任第一天，他便召开宣讲会，面对全体员工说："我们做的不仅是空调，不仅是家用电器，还做的是这个国家的核心科技事业。我们要以打造一个一流先进企业为目标，做大做强，让全国乃至全世界都能用上我们的产品！"

这样的口号回响在一众新老员工心中，产生了明显的激励效果。隔年 12 月，经过陈彦的内外部整肃，W 公司空调产销量稳步提升，首家区域性销售分公司也在深圳成立，开创了 21 世纪经济领域的全新营销模式。而也在几年后，W 公司研发的高效直流变频离心机组、光伏直驱变频离心机系统、磁悬浮变频离心式制冷压缩机及冷水机组等均先后被鉴定为"国际领先"。在年末的公司年度总结报告，W 公司实现营业总收入 507.76 亿元，净利润 50.52 亿元，纳税超过 23.70 亿元，成为国内家电行业王牌企业。

公司的发展，离不开技术、产品、服务，而这些均离不开优秀人才的培养。为了实现公司的战略目标，陈彦在公司内部进行管理变革，梳理现有业务流程，搭建各方向的专业体系，确保降本增效、快速提升效益，同时不遗余力地引进行业优秀人才、储备优秀毕业生。陈彦对人事部副总的宋明说，"虽然目前公司在行业内能够算得上站稳脚跟，但是仍面临着巨大的竞争压力。像 S、HQ 那些也在国内做得风生水起的老牌家电企业正想尽一切办法招收优秀人才，我们自然不能够落后。所以，如何去吸引人才和保留人才是我们现阶段人力资源工作的重中之重，千万不要只顾着眼前的利益而忽略了后备军的开发。"

宋明听完之后沉思了一会儿，神态严肃地回复道："陈总，其实不瞒您说，关于公司人才后备军的问题，我早就想单独找您聊聊了。我也算在公司待得比较久了，也清楚地知道陈总您虽然是销售部出身，但非常重视技术部的发展，所以我们人事也一直都比较关注高端人才的纳新培养。可近期连续的秋招和春招的效果都不太好，有的岗位甚至出现了不小的缺口，导致一些工作难以顺利进行下去。而老员工又没有新生力量的冲劲，他们很容易满足于现有的待遇而不去进步。您看……"说到这里，宋明斟酌着措辞看向陈彦，见陈彦面露难色，似乎也觉得问题十分棘手。

稍加沉吟，宋明便向陈彦讲述了这两次校园招募的具体情况。原来，为了能够招到优秀的应届生，W 公司几位负责招聘的 HR 在去年年底就开始进入相关专业有优势的高校，尤其是在国内外科技竞赛中有突出成绩的实验室，借此提前摸排、锁定优秀苗子，早日"培养感情"。在年初的时候，本着"早下手，早选苗，早培养"的原则，W 公司就提前展开了几场大型的校园招聘。由于 W 公司的名气比较大，一些业内前辈也比较多，所以很多出色的同学都投递了自己的简历。在一轮轮笔试、面试之后，公司也物色到了不少满意的人选，可是一封封 offer 发过去却都得不到回音。HR 们都感到非常疑惑，究竟是哪里出了问题呢？

很快，陈彦和宋明一起将一些 HR 召集起来就这个现象展开专题讨论。会议室里，气氛凝重，陈彦略过开场白，直接发问："人才纳新是企业能够长久发展的关键，最近两次校招成效不佳，各位有什么好的意见吗？"

招聘经理赵昭第一个发言，他说："正值毕业季，如果我们的校招不理想说明学生有更好的选择。虽然我们企业名气大，但竞争对手也不少，像 HQ 那些企业这两年更是铆足了劲去挖人。在与一些候选人沟通的时候，我们也做了一定的调查，了解到这些对手企业给的薪酬远超我们开出的条件，我们 16k~18k 元的候选人，其他公司能给到 20k~23k 元。况且我们校招大多数都在 10k~14k 元这个范围。很多优秀的候选人，都表示要等其他公司的面试结果，所以我们只是备胎……"谈到这里，赵昭也露出忧虑的神色，似乎不知道该怎么继续讲下去。

听到这里，另一位经理张含接过赵昭的话："我们走的是一流家电技术企业的路子，要想在市场上站得住脚跟，就必须在技术研发上下功夫，形成竞争优势，让对手无法超越。所以，我们接收新人的重点应该要放在这些岗位上，赵昭说的薪资问题虽然是一方面，但是我们作为 HR 也要首先想清楚，根据企业制定的战略规划，我们到底要招什么样的人？匹配的是什么样的工作职责？有哪些要求和标准？这些内容都需要与相关的部门进行直接的沟通，不能够贸然地去提高或降低薪酬。"

宋明对张含的话表示了认同，他说："小张说得有道理，其实对于那些 985、211 毕业的技术型本科或硕士人才，如果他身上有值得我们开发和利用的独特优势，那适当提高薪酬没有问题；而对于一般性岗位，技术要求不那么高的，薪酬水平可以保持不变。"思索片刻，宋明接着说道："目前公司属于结构性缺员。现有人员虽然可以承担那些日常工作，但大多为初级、中级开发技术工程师，资质、潜力不高。但我们公司已经度过了初创期，在行业内取得了较好的成就，并且我们的目标就是要做一家领先家电企业。一流的企业需要一流的员工，只是停步于此是远远不够的。要实现我们的发展战略，我们需要业务能力强、综合素质高的领头羊，做技术和产品的突破、创新，带领团队推动目前的业务进行几何倍数的增长。所以，我们必须选出优秀的后备军，培养他们尽快推动公司的发展。当然，不同的人才，薪酬的调整是不同的，我们必须进行动态的设计与维护，对于那些评价结果为特别优异的、拔尖的苗子，可以提高薪酬至高级或资深工程师水平，狠狠心、咬咬牙，先给；对于秋招正常符合标准的优秀人才，根据手中 offer 的情况，在正常范围内，调整至公司现有工程师的高级水平；对于刚过面试考核的人才，维持现有薪酬水平。"

陈彦听完若有所思，最终拍板决定："就按照宋总的思路来安排吧。"

于是当晚，HR 团队讨论决定，先设计新员工的薪资标准，填补好现有的漏洞再说。于是他们更改了相关平台的招聘条件，将技术岗的薪资调整到 19k 元左右，其他运营等职能岗薪资保持不变。良好的企业平台，富有竞争力的薪资水平，加上企业诚挚的求才态度，不少出色的毕业生最终还是选择与 W 公司签约。

三、校招薪酬该如何融入？

聘任的薪资开出来了，慕名前来的合格校招生也即将入职。但现在让人事团队头疼的问题是如何将校招生过高的薪酬融入公司的薪酬体系中。

首先，W 公司采取的是岗位工资制。每个岗位根据市场的薪酬情况，有一个对应的薪酬范围。同一岗位上的员工，技术能力表现不一样，薪酬也不同。技术能力好的员工，薪酬会定在岗位薪酬范围的中上水平；技术能力差的员工，薪酬会定在岗位薪酬范围的中下水平。例如，软件工程师的月薪在 10k～15k 元之间，硬件工程师的月薪是 9k～14k 元，而测试工程师的工资在 8k～13k 元。这三种类型工程师的年终奖均按 2～5 个月的工资标准来统一发放。

在校招生入职的前一个星期，HR 团队的部分人与宋明进行了一次简短的沟通，赵昭带着些许琢磨不定的语气先开口了："宋总，我们平时的付薪理念是为能力和绩效付薪。对于校招生来说，他们的业务能力的提升还需要磨合一段时间，工作绩效暂时可能也不会太理想。我们给这么高的薪酬，真的合适吗？"

宋明思量了一会，说道："你的顾虑有一定道理。对于那些已经在公司干了很久的老员工来说，如果年薪为 20 万，薪酬的 30%体现对绩效的考量，剩余 70%为员工承担岗位职责正常工作的体现，即对员工能力的付薪；对于新员工来说，假设年薪为 25 万，薪酬的 25%体现对绩效的考量，员工岗位职责的承担预计约为 30%，剩余 45%体现公司对其潜力的投资。所以，新老员工的付薪理念不同，薪酬定位也是不同的。"在纸上写写画画了一会后，陈彦接着说："但我们为新员工的潜力买单是有时限的，这方面我们需要在和员工签订的劳动合同中明确到期应达到的技术等级与绩效目标。本质上来说，我们对于新员工采取的是协议工资制，只不过我们和员工约定了未来的技术水平和绩效贡献后，提前在当下兑现了未来的薪酬水平。"

赵昭明白了宋明的意思，他回应道："也就是说，正因为我们公司认可校招生的能力与潜力，相信他们能够快速成长，所以，需要在 1～2 年内就培养校招生成长为技术带头人，或基本达到技术带头人的水平。这样在 2 年后，校招生的薪酬可以较好地融入公司早已完整的薪酬制度体系中，实现完美的无缝接入。这样我们就可以顺利地推进薪酬体系的优化，建立有一定市场竞争力和内部公平性的薪酬体系，吸引优秀人才。"

"对！"宋明满意地说道。赵昭喜出望外，一直头痛的事情得以解决让他感到非常高兴。很快，他便和人事团队一同商定好了薪酬调整的具体模式，准备应用到具体的绩效考核中。

四、竹篮打水一场空

在这次的薪酬调整之后，果然有不少应届生愿意接受 offer 来公司就职。人事部的团队也深刻地体会到了人才竞争的激烈，不论企业有多大，只要开出的条件不够具有竞争力，就会错失掉很多优秀的"苗子"。招聘的任务算是初步完成了，可是他们却没想到公司里一众老员工却为这件事起了争执。

就在 7 月底一批校招生正式入职没多久，一些偶尔从茶水间或健身房传出来的声音吸引了赵昭的注意，因为这些声音的焦点就是这些初来乍到的"新人"。

"我真的不理解陈总他们为什么要搞'特殊对待'，谁还不是个正经好大学毕业的，谁不是'持证上岗'？他们刚来公司月薪就有 19k 元，要经验没经验，凡事都要我们这些'前辈'教，公司真的没把我们这些呕心沥血的老员工放在眼里，一心只捧着这些'小年轻'。"技术部的王利端着水杯，眉毛似乎要翘到天上去，一副愤愤不平的样子对周围的同事说道。

同在技术部做了好些年的周远接过王利的话："哎，老王你是不知道，把现在这些新鲜'苗子'挖过来可不知道费了多大的劲。今时不同往日咯，以前是只要给的薪资还不错，公司有点名气，就有一堆人抢着进。现在的年轻人进来要看发展，看有没有晋升空间，一般岗位他们都瞧不上嘞！不然公司怎么要给这么高的工资，生怕肥水流到外人田呢！"说完便不屑地瞟了一眼外面正在做入职培训的新员工们。

"也别这样想嘛，不管是哪个地方都需要新鲜血液的输入，咱们是公司的'老人'，不跟他们一般计较。要我说有新人进来还是好事，帮着咱们分担下工作量，咱们也不用事事亲为了，把自个儿该拿的拿到手就行了。"软件部的刘霖眼看着事情不对，忙出来打了个圆场。

王利显然不同意刘霖的这套说法，"小刘啊，你是不知道，我们努力这么多年，最后还不如一个刚毕业什么都不会的娃娃，这你说怎么会让人心里舒坦！"

周远也跟着吹胡子瞪眼地附和道："就是，我好歹工作经验也有五六年了，结果工资还没自己带的校招生高。公司不应该是按产出付薪吗？说好的公平呢？难道怪我早毕业了几年？"

听到这里，赵昭内心复杂地回到了自己的办公室，开始犯起了嘀咕，这些人该不会生出跳槽的想法吧？他忙把这几个人目前的薪酬情况调了出来：王利是技术部的老员工了，资历长，但日常工作挑三拣四，爱抱怨、爱喊叫，技术水平和工作产出质量却很一般；周远的技能水平相对优秀，年底绩效属于部门的前几名，和王利属于同一个技术组的成员；而小刘，年龄要稍微小一点，但他不仅技术能力水平较高，还作为小组长，带领团队和几名资历相对轻一些的员工参与过几次技术研发的大项目，为公司的发展带了好头。但目前，他们三个人的薪酬水平相差却不大，王利月薪是 15k 元，小刘和周远都是 17k 元。面对这种状况，赵昭心里感到一些隐隐的不安。

意外的是，3 个月后，老员工倒还没有多少人提离职，人力资源部却收到了好几个校招生的离职申请。为了解清楚这些离职的真实原因，赵昭亲自进行了几个人的离职面谈。

作为赵昭亲自面试过的哈工大高才生，小谢坦诚地对他说道："在校招的时候，我对公司的印象特别好，是空调行业的领军者，技术发展遥遥领先，而且公司也给我们这些干技术的出了很高的薪酬。但实际上，薪酬不是我唯一考虑的就业因素。我个人更看重的是如何去发挥我自己的个人优势和提高专业技术能力。我在入职这段时间里，打交道最多的便是我的导师，但是他也仅仅只是给我简单介绍了一下公司的基本职能状况、我的岗位职责和一些基础的工作内容，然后就给我安排了一些任务去做。我理解在刚入职的时候，我们都是应该从基础事情先熟悉，再去接触核心任务，不应该眼高手低。但是，公司平时基本没有能力建设相关的事项，没有新人的专项培养，又没有专业技术特别牛的人帮带提升。在这样的环境中，我也深陷烦琐的工作任务中了。现在的社会，外部行业和市场都在快速发展，那我自己的成长体现在哪里呢？"

先后差不多时间来公司的软件部陈凌说："我的薪酬其实也挺高的，但我看不到自己的发展。在部门内部，大家都是搞开发的，但是做的事情却基本差不多。我不知道自己的优势可以在何处发挥。况且部门就一个经理职位，过了多年后，难道我们就还只能是个软件研发的劳工吗？怎么样才能体现自己的能力和价值呢？"

听了这些，赵昭深深地叹了一口气。没想到，之前轰轰烈烈的校招搞人员招聘，花了这么多心血去对他们进行培训，就是希望能够让他们能够好好地待在公司。但是现在老员工不满意，新员工又觉得干下去没盼头，到头来成本损耗了不说，也给公司团队的士气造成了严重打击。

五、薪酬体系再维护

于是，两日后，宋明就将最近几个月的人员流动报告上报给陈彦，提出了自己的想法和担忧。陈彦眉头紧锁，陷入了沉思。他对宋明说："目前的情况我已经了解了，你先回去和其他几个同事讨论一下，准备明天下午开一次简单的会议再讨论商议一下。"

第二日下午，陈彦来到会议室，开门见山地对在场的宋明和几个人事部负责人说："我已经看过宋总递来的数据报告了，虽然我们在当时解决了校园招聘的问题，但是目前看来还是有些做得不足的地方。公司里的新老员工如何平衡问题亟待解决，各位提一下自己的看法吧。"

招聘经理赵昭似乎早就对此有些微词，他马上接话说："我们在之前设计薪酬的时候，忽略掉了老员工可能因此产生的不满和抱怨，这是我们的疏忽。长久在公司里卖命的王利、周远他们都是咱们技术部的老人了，虽然在工作绩效上无法说绝对完美，但也是与公司有着深厚感情的核心人物，陪着公司渡过了很多难关。资历长的反而没有那些新生牛犊的薪资高，心里有意见也正常，这需要我们及时地去调整现有的薪酬政策并加以情绪上的安抚。但是那些校招生离职让我们很意外，在沟通过后，我们得知并不是薪资出现了问题，而是在人员的培养和开发上有缺陷。一味地关注如何去靠钱留住他们，但是忘记了新生代的这些年轻人看重的可能不仅仅是物质的满足，精神的激励也十分关键。"

宋明点了点头，"是的，对老员工的情绪安抚和年轻员工的栽培同等重要。咱们人事部更需要多加费心，要安抚这些老员工，只靠简单地提高工资是不够的。表面上看起来他们是因为和新员工倒挂差别太大，产生了不公平感。但其实，长期以来，以岗位工资为主导的薪酬，造成了均等化的收入状态。虽然岗位职责不一，工作内容也有差别，但是长期以来这种情况已经被大多数人所习惯了，同在一个体系中，接受得也比较快。而突然出现的新老员工薪酬倒挂现象，给他们造成了强烈的不适应感，这意味着薪酬体系还需要进行调整。"说完，会议室里陷入了一片沉寂，大家似乎都对过去的工作产生了怀疑。

陈彦思索了一会，说道："我自己是销售部出身的，我很清楚如果薪酬体系设置不合理会带来非常严重的后果。其实从岗位价值来讲，岗位创造的价值，决定岗位的价值。所以，岗位可以明确地划分为初级、中级、高级这样的级别。同一个岗位，大家承担的职责不同，岗位的级别也不一样。高级研发人员做的事情，产生的价值是要远远高于初级研发人员；其次，同一岗位的员工，能力或技术水平不同，岗位胜任度也不同，可以设置为对应不同的职级。也就是说，我们不是单纯的传统意义的同工同酬。"

话音刚落，另一位招聘经理张含激动地说："那我们何不建立一个任职资格体系呢？既可以区别出不同等级的人才，又可以科学地评判员工的技能水平。这不仅是确定员工薪酬的基础，同时，也会帮助我们的员工不断提升个人能力和技术水平，是一举两得的事情。"其他人也点点头，纷纷表示赞同。

宋总也面露喜色，他说："设计任职资格体系和薪酬体系两个体系的建立与关联设计，对公司吸引和保留优秀人才非常关键，看来我们需要成立专门的项目组，来推进这个问题的快速解决。同时，还要重视新生代员工的发展和成长，他们最关心自己的价值是否能够实现。如何构建职业发展双通道，定期进行专项培训、多样化激励也需要大家一起努力啊！"

会议室里，大家的思维又开始活跃了起来。陈彦思及过往打拼过的岁月，突然感慨，老办法不能用于新员工，未来的路，还有很长一段要走……

案例使用说明

1. 教学目标规划
（1）了解薪酬体系设计的基本原则，以及该如何应用到具体的校园招聘中。
（2）在激烈的市场竞争中，学会如何关注新老员工的薪酬差异。
（3）学会如何根据企业的实际情况来对薪酬制度进行维护。

2. 课堂讨论题
（1）W公司对计划引进的新研发技术员工和原有员工定位有何不同？
（2）W公司设计的新老员工薪酬体系有何特点？
（3）导致W公司老员工不满、新员工离职的原因是什么？这套新的薪酬体系存在哪些问题？
（4）针对W公司目前面临的问题，请给技术研发员工的薪酬设计提出合理的建议。

3. 启发思考题
（1）从薪酬设计的角度出发，针对没有干劲的老研发人员应该怎样去激发他们的工作干劲？
（2）在进行薪酬维护的时候要注意什么问题？
（3）当公司出现新老员工薪酬差异的时候，要怎样进行薪酬改革减少这种差异？

参考文献

[1] 王红旖. 战略性薪酬管理及其体系构建. 江西社会科学, 2016, 36（07）: 198-203.
[2] 邵建平, 赵倩. 加薪兑现时间与员工心理预期满足度变化模型研究——基于案例视角的研究. 软科学, 2015, 29（08）: 111-115.

［3］瞿淦．高新技术企业知识型员工关键激励因素识别与策略体系构建——基于聚类与 Nvivo 质性分析的双重考量．科学管理研究，2018，36（01）：77-80.

［4］孙林，李维安．高管薪酬-业绩倒挂与薪酬调整决策——基于薪酬正当性维护视角的分析与检验．财贸研究，2016，27（02）：137-146.

会赚钱，更会分钱

【摘要】激励员工更多地是依靠合理的、有竞争力的薪酬制度，聘请有管理经验、专业技术的职业经理人和员工。但是从本质上来讲，企业和员工是雇佣关系。员工可以和企业"同甘"，却缺乏"共苦"的责任感和忠诚度。因此，要激发员工的工作积极性，只有将其利益与企业利益进行捆绑。于是出现了许多对员工的激励机制，例如股权激励、奖金激励、房产激励、晋升激励等，但从长期来看，容易造成员工的短期行为。本案例通过讲述 YH 超市合伙人制度的动因、实践举措和结果，以期提供一种长期有效激励员工的模式。

【关键词】合伙人制度；激励理论；阿米巴模式

夏日炎炎，华灯初上，YH 超市沙井店，顾客熙熙攘攘。水果区的小李，在一天的搬运、销售工作中忙碌，但依旧面带笑容，用喇叭积极促销。同事小王，正在搬运新到的葡萄，轻拿轻放，并转动查看水果的新鲜程度，按顺序摆放整齐，并趁机向周围顾客兜售，请顾客近身观察水果的品质。不光是水果区，其他生鲜区、熟食区，员工们都面带微笑，用着喇叭积极介绍各区产品和价格。一时间，竟让顾客不知道选哪样好了。这样的情形，在 YH，是随时上演的。员工们这样的热情和干劲，都来自公司推行的合伙人制度。

根据这个制度，员工可以不出资，即可成为门店或小组"老板"，只要业绩达到目标，就可以参与超额利润的 30%～50% 的分红，这是在其他零售超市看不到的。员工有钱拿，自然工作热情就被激发，更加主动工作。

那 YH 是在什么背景下推出合伙人制度呢的？合伙人制度是如何运行的？遇到了什么困难？它能一直推动 YH 的前进吗？成功的关键因素是什么？是否适合其他行业，其他企业？

一、企业简介

YH 超市是福建省在推动传统农贸市场向现代流通方式转变过程中培育起来的民营股份制大型企业集团。2001 年 3 月，已经经营有几家小超市的张四积极响应省、市政府"杜绝餐桌污染，改善社区生活，建设放心市场"的号召，开设了第一家 YH 超市，主要做生鲜食品生意，此后得到百姓的广泛认可，被誉为"民生超市、百姓 YH"，被国家七部委誉为中国"农改超"的开创者。

YH 的故事可以分为三个阶段。

第一个阶段：1999 年，张三和张四此时已经拥有 5 家食品杂货店，"好又多"和"沃

100

尔玛"在福州开设大卖场，他们发现这两家卖场在销售生鲜，尽管价格偏高但是销量不错。他们意识到，超市也可以卖生鲜，并且以他们的渠道，价格可以比这两家低，于是开始了生鲜的创业。在这个过程中，他们在市场调研中发现，集中采购流程可以分享到批发商的毛利率，进一步降低生鲜价格，甚至比农贸市场价格更低。2000 年，第一家"农改超"超市——YH：屏西超市开业，经营面积为 1500 平方米。张氏兄弟将生鲜引入现代超市，生鲜食品区占到超市面积的 50%，主要客户群为家庭主妇、上班族，品类涵盖了各种海鲜、农副产品、餐桌食品等。为了营造干净、有序、舒适的购物环境，他们为超市配备了果蔬农药残留检测设备，规划了产品展示区，塑造了与传统农贸市场的脏、乱、差相反的景象，使得超市环境整洁明亮。YH 以其独特的经营模式，准确的市场定位在福州大获成功，很快在福州开了三家店面。

第二阶段：YH 在福州大获成功后，2005 年，将目标定在了重庆，到 2012 年，凭借多年累积的低廉成本渠道、供应链建设、标准化的定价、物流、销售和宣传支持，成为区内最大的超市运营商，在重庆及成都、贵阳拥有超过 60 家门店，实现了跨区域扩张。如此迅猛的发展，使其赢得了能和全国快速消费品供应商议价的能力，能取得更低报价。2009 年，YH 北上北京，将价格降到低于农贸市场的水平，同时提供质量稳定的农产品，成为一公里辐射范围内几家卖场中销量最好的卖场，甚至超过了家乐福。2010 年进军安徽市场。2011 年年底，YH 在北京开设 13 家门店。由此，YH 占据四个核心市场：福建、重庆、北京和安徽，并凭借其在物流、采购和运营的规模优势，从四个据点扩张至邻近省份。在 2001 年至 2011 年的 10 年间，YH 积累内部的管理经验、经营模式、团队建设和企业文化，为后续的发展打下了坚实的基础。

第三阶段：2011—2013 年，YH 布局全国。YH 以零售业为龙头，以现代物流为支撑，以现代农业和食品工业为两翼，在 3 年内成功进入 12 个省份，并且在基础管理工作中，进一步总结经验，向优秀零售企业学习，完善培训体系、共享中心、物流体系、信息体系等。2015 年，推出品牌升级，开设会员店，进一步提升产品品质、服务态度和购物体验，在全国铺设自营的产品基地。目前在福建、浙江、广东、重庆、贵州、四川、北京、上海、天津、河北、安徽、江苏、河南、陕西、黑龙江、吉林、辽宁、山西、江西、湖北、湖南、云南、广西、宁夏、山东、青海、甘肃、内蒙古等 28 个省市已发展近 1133 家连锁超市，经营面积超过 600 万平方米，位居中国连锁百强企业第 6 强、中国快速消费品连锁百强企业第 4 强。

二、上升期的居安思危

Wind 数据库统计信息显示，连锁超市行业收入及净利润增长率连续下滑，2015 年出现负增长。联商网的信息显示，2014 年全国主要零售企业共计关闭 201 家门店，较 2013 增长 474.29%，创历史新高，这些数据表明中国零售业的转型正在进行。

中国的零售出现了新的态势：一是大型传统零售业发展趋于平缓，平均毛利率下降；二是小而精的便利店，小商超、会员店等迅速发展，如罗森、全家等，吸引部分客流；三是电商迅猛发展，互联网开店成本较低，且电商大大降低了信息不对称的几率，顾客可以对同类产品货比三家，了解商品的行业价格水平，从中选择性价比最高的商品。同时主流的消费群体转向了"80后""90后"，他们更倾向于线上消费，成为中国零售业的新的增长点；与此同时，物流业的发达使得顾客购物更加便利，从而改变了大家的消费习惯。

在YH内部，也逐渐暴露出一些问题。据2017年怡安翰威特人力资源调研结果来看，零售业离职率在各行各业中排第二。其中，离职率最高的当属一线员工。2013年，董事长张四调研发现，一线员工的月收入仅为2000多元，只能满足温饱。YH超市的一线员工大多都是"80后"一代，很多来自农村，经济实力相对较弱，生活压力较大，他们渴望在城市扎根，也非常关心外界的尊重和认同感。一般领导层认为，一线员工所需技能不多，可替代性强，因此在员工离职管理这方面不在意，认为随时招人补充上去就好，但是这样带来的反复培训成本就上升了。同时，一线员工需要直接与客户打交道，客户对一线员工的印象决定了客户对YH的好感度，一线员工可以说是YH活的名片。YH的招牌生鲜模块，更是需要员工的精细、敬业、良好的工作状态。如果一线员工每天只是为了"当一天和尚撞一天钟"，他们不会为了生鲜果蔬的销售和保存上心，那可想而知，客户的购买欲自然就会降低。

根据YH超市2010年年度报告，在上市之初，企业总员工有27759人，其中本科学历仅占3.2%，大专占比10.5%，高中/中专占比39.5%，初中及以下占比46.7%，整体学历水平偏低，也可以看出YH对人才的需求量非常大。

面对这种大环境和内部问题，YH该如何激励员工？直接提高一线员工的工资水平，固然能激起一定的热情，但是薪酬的增加需要有一定的依据，例如员工业绩的提升、生鲜蔬果损坏率降低等，这些一系列确定下来非常耗时耗力，这种薪水的提升不稳定性高，容易造成员工的短期行为。而直接提升工资，提升的多少也是有讲究的，少了激发不了员工，多了，会给现金流造成压力。对于拥有超过7万名员工的YH来说，财政负担沉重。那只有将YH的业绩与每一位员工进行捆绑，才能实现双赢。

三、全员合伙制的构思

在了解情况的基础上，为了增加员工的薪酬，提升敬业度和忠诚度，也为了节约成本以及提升运营成本，YH超市在执行副总裁柴敏刚的指挥下开始了"合伙制"的设计和试点。

（一）组织结构的变革

第一个管理难题便是YH总部大而不强，组织架构臃肿，管理成本巨大，财务预算各持己见，没有统一的声音和领导。为了引入合伙人制度，张四在稻盛和夫的"阿米巴"思想启发下，YH首先进行了组织结构的变革，由原来的总裁-总经理-总监-高级经理-经理-主管-专员-员工的层层传达的金字塔式多级管理转变成联合创始人-核心合伙人-合伙人三级的高效、扁平化的组织模式，以董事长为核心，负责公司整体规划和战略的为联合创始人；核心合伙人在做好支持资源的同时，重点服务某家门店，职位是店长和门店经理；合伙人主要是一线员工，负责门店日常运营。这样的组织模式降低了权力距离，并且能更好地交流信息、统计业绩、管理人员。这就将 YH 转变成一个个创业型的小团队、项目组，鼓励员工为自己工作。为权力和利益共享打下良好基础。

（二）利润分配制度的设计

对于所有合伙人，全员合伙制的核心思想是增量利润的再分配，即总部与经营单位代表根据历年数据和销售预测制定业绩标准，如果实际经营业绩超过了设立的标准，增量部分的利润可按协商的比例在总部和合伙人之间分配，最终再由经营代表根据贡献程度对门店成员进行二次分配。其次，对于联合创始人，由于他们对于全局的重要性，所以他们拥有更多的股权，能将他们与企业的长远发展结合在一起。再次，对于基层员工中买手，即YH 在供应链底端的代理人，由于他们的重要性，YH 给予了更高级别的股权激励，可以参与二次分红。最后，YH 除了与内部员工建立合伙制外，与当地农户也建立了类似的制度，取得了他们的信任，也保证了进货的稳定渠道和价格优势，也体现了员工的异质性。

柴敏刚提到，"我们通过和员工代表沟通，确定门店的基础毛利率或利润额，然后确定企业和员工分成的比例。分成的比例也是通过沟通讨论决定的。在 YH 合伙人制度的实施过程中，五五开、四六开，甚至三七开都有过。"

YH 分配模式的参与主体以门店为基本单位，门店里的各部门依附门店参与利润分配，同时各部门内部又按照销售类别分为不同的小组，这样就将每位员工都转为利润中心，能够单独进行核算。覆盖了除临时工、实习生、培训生、小时工的所有人员。

联合创始人共持股 35% 左右，其中张氏兄弟共持股 29%，生鲜事业部总经理郑文宝、服装事业部叶兴针、食品用品部谢香镇均持股 2% 左右。

当门店销售达成率≥100%、利润总额达成率≥100%，就达到了分红条件。具体到每个层次的员工，分红条件如表 1 所示。

表 1　　　　　　　　　　　　　　　分配条件表

类　　别	分红条件
店长、店助、后勤人员	门店销售达成率≥100%，利润总额达成率≥100%
营运部经理、部门经理、部门公共人员	部门销售达成率≥95%，部门毛利达成率≥95%
营运部各小组成员	小组销售达成率≥95%，小组毛利达成率≥95%

从表中可以看出，参与分红需要完成两种指标，起到了约束作用；每个门店都是按照一样的原则受到约束，不存在不公平的现象。同时，每家门店的指标都对应实际的销售情况和销售预测，由公司层面与各合伙人代表沟通确定，考虑到了每家门店的特殊性，符合差异化原则。门店内部合伙人也是同样的规则，达到指标则分红，各部门的销售目标根据部门差异制定，分红由每位合伙人的贡献决定。体现了"多做多得，少做少得"的思想，想要提升自己的报酬，就必须努力工作。

考察销售达成率和毛利率也体现了财务的战略思想。如果单独考察销售达成率，各门店难免会增加相关宣传等费用，加上了毛利率的考量，意味着每位员工都要考虑如何降低成本、增加利润，会进一步促进他们工作的积极性和主动性，更好地以主人翁的角色进行日常经营。

YH 将各部门或员工分配的红利称为奖金包，计算公式为：门店奖金包=门店利润总额超额（亏损部分）×C%，其中门店利润总额超额（亏损部分）= 实际值−目标值。同时规定了奖金包的上限：门店奖金包≥P 万元时，奖金包按 P 万元发。其中 C 和 P 的数据根据各门店的具体情况进行调整，利于分级分类激励合伙人。在门店内部，职务等级不同，奖金包的分配比例也不同，具体如表 2 和表 3 所示。

表 2 　　　　　　　　　　　奖金包分配表

职 务 等 级	奖金包分配
店长、店长助理	门店奖金包×8%
经理级	门店奖金包×9%
组长级	门店奖金包×13%
员工级	门店奖金包×70%

注：若存在店长助理，则店长分配本职务等级的 70%，店长助理分配 30%。

表 3 　　　　　　　　　　　个人奖金计算表

职 务 等 级	个 人 奖 金
店长、店长助理	店长级奖金包×出勤系数
经理级	经理级奖金包÷经理级总份数×分配系数×出勤系数
组长级	组长级奖金包÷组长级总份数×分配系数×出勤系数
员工级	员工级奖金包÷员工级总份数×分配系数×出勤系数

分配系数根据各部门的毛利率排名分配，具体如表 4 所示。

表 4 　　　　　　　　　　　分配系数表

部门毛利达成率排名	分 配 系 数
第一名	1.5
第二名	1.3
第三名	1.2
第四名	1.1
后勤部门	1.0

其中：总份数 = $\sum$ 各部门同职级人数×对应分配系数。

出勤系数 =（当季应出勤天数−事假/病假/产假/工伤假天数）/当季应出勤天数。

从奖金包的分配可以看出，业绩越好，分配系数越高，所获奖金越高，因此部门内的合作就尤为重要。通过分配系数，每个部门不光要注意自身目标的达成，也要注意其他部门，有助于提升经营效率。设置奖金包的上限主要是出于两个考虑：一是权衡总部与门店的利益；二是满足税法的要求，税法规定税前利润分配需要设定额度。这样的分配模式还有一个有优点，按季度发放奖金包，既不会过长，挫伤员工积极性，也不会过短，引起员工短期行为。它有助于树立企业威信，不但能留住人才，更能吸引外部人才，建立良好的雇主品牌。整个利润分配过程公开透明，每位员工可以根据合伙人制度和业绩情况，推算出自身的利润分配，从而杜绝了中间层的贪污行为。

（三）精神激励与公司文化

除了物质上的激励，YH 在精神层面的激励也是下足了功夫。整个合伙人制度围绕着 YH 的核心价值观——融合共享，成于至善。在员工中宣扬 YH 是共同创业和发展的平台，每个人的工作都是为了自己、为了公司，自己是公司的合伙人，从内心认同自己的价值。对于表现好的员工进行公开授牌，在公司层面的大会上进行表扬、通过内刊宣传，这样一方面鼓励了优秀员工，另一方面激励其他员工。在 YH 只按能力晋升，而不看学历和资历，这对于文化水平不高的一线员工无疑是莫大的鼓励。同时在 YH 设立了对标麦当劳汉堡大学的"YH 微学院"，通过"教交教"的模式，学院教员工做，交给员工做，再由员工教其他员工，这样每位员工都有培训提升的机会，形成互助的学习和培训机制。

（四）退出机制的巧思

在合伙人退出机制的设计上，YH 采取了和一般企业不同的方式，更具创意，也更具实用性。一般来说，企业可以直接决定合伙人的进入和退出，而 YH 将权力下放到各项目组。每位员工是否退出利益共享机制，由所在项目组决定，这样一来权力集中在一个组内，更有利于组内的监督和向上。并且，团队内成员的评价更加客观公正，在这个过程中，形成少数服从多数、个人利益服从集体利益的氛围，有助于提升团队凝聚力。

四、合伙人制度的实施

合伙人制度的实施分为两个步骤。第一步，试点阶段。2012 年 12 月在福建大区进行试点，选取了容易量化的销售岗位。2013 年 6 月开始在大区全面推行，激励员工充分发挥主人翁精神。2014 年，在全公司进行推广，基本覆盖所有基层岗位。试行阶段，员工积极性明显提高，收入明显增加，取得了预期效果。

第二步，持续优化阶段。2015 年后，YH 总结经验，发布了《YH 股份有限公司 2015 年合伙人制度方案》，方案提出了制度的问题和发展方向。第一是合伙人制度的分红应将门店和大区、公司达到平衡和协调，做到都有钱挣。第二是绩效指标的设置应总体上往财务战略思想上靠，不应设置过细过杂。分级分类确定不同的绩效标准和考核方案。第三是要加强合伙人制度的宣传，完善反馈制度，确保上下层之间的沟通畅通。第四是要明确各个合伙人的权力界限，并通过公司章程确定下来。第五是要提升财务系统和信息系统对合伙人制度的支持力度。第六是明确各角色定位及其职责。未来的工作方向分两块，总部一切以服务门店为核心，门店实施精细化管理。

在此基础上，YH 引入赛马机制，营造竞争环境，建立淘汰机制。根据区域、门店类型、门店大小等划分不同的赛马群，依据 122 项指标，包括离职率、人效、损耗率等，具体指标根据当期情况确定，每月初数据平台生成赛马结果，根据平均值排出 A、B、C 三种马。排名为 A 会有奖金，全国排名 B 档末和全国排名 C 档中、小组内排名为 B 和 C 会有惩罚，如重选店长、退出合伙人制度、整组解散等。

除了在利润上给予员工更多的可能性，员工的招聘和管理都尽量下放到门店，下放到小组，由员工自己决定；尽量做到每人忙闲均等，减少推诿扯皮现象，也更能让员工在门店日常运营的第一线，从实践中学习如何运营，如何当自己的老板。

五、合伙人制度的效果

合伙人模式的实行给员工和企业都带来了许多变化。从员工的角度来说，合伙人制度带来的公平感和物质精神激励，让员工有了主人翁意识。"我们团队的小伙伴真的都把门店的生意当作自家生意在做，每天想方设法地招揽顾客，保证产品质量，做好服务工作，部门的业绩也在门店是最好的。并且在 YH，我们学到了不少关于门店经营的知识。""只要我勤奋干，公司的制度不会让我吃亏，在 YH 工作，我也不比别人差，可以努力提升自己，服务大家！"合伙人制度满足了一线员工的精神需求和物质需求，员工能明了 YH 给他们带来的好处，工作满意度和留职意愿大大提升。"以我的学历，只有在 YH 才能只凭能力晋升，现在哪个企业不看学历啊，并且 YH 还在一直培训我们，鼓励我们学习，一个高中毕业的人，离开 YH，能做的选择和性价比没有这么多啊。"

从企业角度来说，最直观的就是财务报表、门店扩张数量和公司管理上了。2012 年、2013 年的存货周转率还在行业平均水平以下，在 2013 年推行合伙人制度后，开始超过平均水平，并一直上升，在 2016 年行业整体存货周转率下降 2% 时，YH 只下降了 0.3%。同时，YH 的成本利润率逐步上升，从 2013 年的 2.71% 上升至 2017 年 3.43%。意味着，YH 每户花费的一块钱给 YH 带来的收益在上升。这是由于在合伙人制度下，由于利润分享看重毛利率，员工就更加注重成本管控。自 2016 全面实行合伙人制度，单店利润可以达到 207 万元，坪效达到 319 每平方米，数字还在不断上升。2017 年开设 128 家新门店，截至同年年底已开业 806 家。门店扩张版图进入城市也进入县城，不断抢占市场份额。

YH 人力资源部数据显示，2014 年的离职率也下降 36%，零售行业的离职率一直处在 30% 左右，数据明确指出，离职率降低是由收益分配模式的变化造成，而不是其他原因。可以看出，员工认可合伙人制度，对其有明显的吸引力，也吸引了大量人才加入 YH，2017 年员工总人数达到 85000 名左右。内部人员结构也在优化，本科占比从 2013 年的 3.3% 上升至 5.09%，越来越多的高素质人才进入 YH，实现自己的梦想。

经过几年的发展，合伙人制度极大地鼓励了合伙人的创新精神，这也促进了 YH 的战略转型。Bravo 绿标精品超市，在合伙人制度之下，可以实现开业 3 个月即盈利，比行业同类型高端超市盈利时间提早 9 个月。高素质且具有创新精神的人才进入 YH，帮助 YH

将线下的交易与互联网结合，建立线上线下相互支持的 O2O 模式。自主开发 APPYH 生活，累计吸引注册用户 289 万，在 App 上，用户可以进行线上下单和结算；推出了解决"最后一公里"项目，完善物流体系和仓库建设，逐步实现送货上门服务。2017 年年底，腾讯入股 YH 超级物种。在超级物种生态模式下，顾客可以在店内选购食材，享受烹调服务，直接在店内用餐，集聚了生鲜、餐饮和零售的体验式混合生态，进一步提升客户体验，成为 YH 旗下的中高端形象代表。

六、合伙人制度的未来

经过几年时间，合伙人制度的推行取得了显著成果，得到内部员工的认同和拥护。但这种组织结构创新、利润分配模式的创新是否可以继续推动 YH 前进？

在合伙人制度中还存在一定的漏洞，门店目标的确定可能存在自主权过大的问题，可能会为在未来更容易达成目标而降低当期上报目标；存在业绩稳定、增量难以达成，影响分红，从而挫伤积极性的问题；甚至有时团队成员尽力工作，而增量却不多，归根结底是公司支持不到位的问题，都会影响员工的创业热情。后勤、财务等职能部门没有业绩支持，该如何进行利润分配保证其积极性？

疫情也让 YH 受到影响，存货周转天数攀升，随之带来生鲜食品过期、降价，仓库成本上升，现金流不稳定，拖欠供应商货款周期拉长，一环扣一环，也会影响公司业绩和合伙人分红。那么在这种情况下，合伙人制度该如何解决这一困境，各合伙人是否有足够的创新精神去主动作为？在未来的智慧型科技 YH、云计算和云金融中，全员合伙制是否还可以适用？

实质上，YH 的合伙人制度是一种倒逼制度，在推行的过程中，不断倒逼财务系统、IT 系统的升级，倒逼组织结构的调整，倒逼行政人事的放权，最终促进整体管理能力的上升。以合伙人制度为契机，不断完善与之配套的组织结构、绩效考核、薪资结构、培训制度、赛马制度、供应链管理等，不断宣传、注入企业文化价值观，营造自主经营理念，真正做到赋权、赋能、赋利的结合，才是 YH 合伙人制度的本质和方向。

💬 案例使用说明

1. 教学目标规划
(1) 了解激励理论，从激励员工的角度进行薪酬设计。
(2) 了解阿米巴组织结构形式特点和优缺点。
(3) 了解合伙人制度的优势以及员工持股计划适用的行业和企业。
2. 课堂讨论题
(1) YH 选择的阿米巴模式的特点是什么，有哪些优点？在实施的过程中有哪些需要注意的？
(2) 股权激励的模式有哪些？分别适用的行业、公司是什么？有哪些优缺点？为什么 YH 没有实行员工持股计划？
(3) 为什么 YH 不只是在薪酬管理上下功夫，比如增加绩效薪酬、提升薪酬水平，而是通过合伙制来提升薪酬？这样做的好处是什么？所需要付出的代价是什么？

（4）在实施合伙制的条件下，员工如何晋升？

（5）在门店与总部讨论目标时，如何防止目标数额少报以保证制度的激励效果？

3. 启发思考题

（1）YH 超市为什么要实施全员合伙制？

（2）分析 YH 合伙制的特点、优缺点及适用条件，在哪些行业有推广借鉴可能性？

（3）YH 超市"全员合伙制"实施和成功的关键要素是什么？

（4）YH 超市"全员合伙制"与稻盛和夫的经典阿米巴组织有什么异同？

（5）在传统超市领域近几年来取得显著成绩的 YH 全员合伙制，在 YH 未来发展的全新领域，如实现智慧型科技 YH、云金融和云计算过程中，合伙制是否还可以适用？为什么？

参考文献

［1］李晗．合伙人制度的搭建．中国人力资源开发，2015，27（14）：19-24.

［2］陈维，张越，吴小勇．零售企业如何有效激励一线员工？——基于永辉超市的案例研究．中国人力资源开发，2017，29（07）：110-122.

［3］赵兴．现代企业合伙人制度的三种模式．中国人力资源发，2015，27（14）：14-18.

［4］徐文彬．事业合伙人制度架构下收益分配模式研究——以永辉超市为例．浙江工商大学，2017.

［5］刘萌，石京京，朱丹．基于人力资源思想变革下的合伙人制度探讨——以永辉超市为例．商业经济，2019，26（05）：86-88.